音大生の
キャリア戦略

音楽の世界で
これからを生き抜いてゆく君へ

Life in the real world:
How to make music graduates employable

ドーン・ベネット 編著
Dawn Bennett

久保田慶一 編訳
Keiichi Kubota

春秋社

はじめに

スーザン・トムズ

　これから音楽家としてキャリアを積んでいこうという、現代の音大生や若い音楽家には、ぜひとも本書を読んでいただきたいと思います。私が学生だった頃は、このような本はありませんでした。私が大学を卒業したときも、卒業後どのように生活していくのかと尋ねてくれる先生は誰一人としていませんでした。先生たちは「まるでもう関係ないわね」と言わんばかりに、「さよなら」と手を振っただけでした。私はわけがわからず、音楽の世界に飛び込み、長い間この世界にいます。そしてこの複雑でミステリアスな世界で、いかにお金を稼ぐことが難しいのかを、ゆっくりではありましたが、苦労を重ねていくうちに学んだのです。

　私は幸運にも、とても革新的な音楽家グループ「ドームス Domus」の仲間となりました。彼らは一風変わったコンサートをやっていました。自分たちでドーム型のテントを張り、コンサートホールのない地域にそれを持ち運んで、（移動ピアノ、ステージ、クッションの完備された）ドームの中で自分たちが大好きな室内楽のコンサートを開催したのです。ときにはお客さんに飲食を提供したこともあります。

　このプロジェクトは音楽家としての生活のいい面と悪い面の両方を、教えてくれました。いい面というのは、新しいやり方で予想もできないことを作りだしていたことに、私たち全員がものすごく満足していたことです。私たちのやっていることを理解してくれて、クラシックの音楽や音楽家の見方が変わったと言ってくれる、お客さんに出会えたことは、本当にすばらしかっ

たです。

　しかしその反面、何か新しいことをするには、準備や運営に手間暇がかかること、そして資金援助がないなかで、何か新しいことをするのにとてもお金がかかることも、身をもって知りました。週末に自分たちの報酬を分けるのですが、ほとんどお金が残らなかったのを今でも思いだして、とても辛い気持ちになります。でも、ようやく真実と呼べることを学んだのです。それは今でも真実だと思っています。それは、音楽の世界では、評判と報酬との間には絶対と言える関係がないということです。あなたもきっとすぐにでも有名になって称賛されるようになれますが、金銭的に安心できるかどうかは別の問題なのです。

　音楽というのは、小さい頃から訓練をしますので、音大生は決して普通の人ではありません。大学を卒業するまでに、練習と演奏だけに相当な年月を費やしているはずです。音楽をしていない友人たちよりも、多くのことを経験しているはずです。というのも、彼らは卒業して仕事に就きますが、新しい職場ではいちから教育しなくてはならない初心者としてしか扱われないからです。これに対して音大卒業生は、この年齢ですでに立派な音楽家になっていて、演奏家として生活することすらも望めるようになっているのです。

　本書でも述べられているように、音楽大学の中だけで生活していると、どれだけ多く演奏のチャンスがあるのか、そしてそれらを掴むのがいかに簡単であるのかについて、非現実的な印象しか得られません。私の経験から言えることですが、実社会に出た最初の数年は、孤独で、不安でたまらないものです。多くの音楽家がそうであるように、その昔私も、一人だけの練習室であってもすばらしく演奏できれば、音楽事務所や聴衆の関心を引けるのではないかと思っていました。チャンスを待っている私が練習室にいることを、彼らはきっとわかってくれるにちがいないと考えていたのですが、実際にはそんなことにはなりませんでした。しかしテクノロジーの発達した現在はどうでしょう。Facebook、Twitter、YouTube など、これから登場するネットワーク・ツールを使用すれば、私の才能を世界中に知ってもらうのも、いとも簡単でしょう。必要なのは、企画力と将来の見通しだけです。

はじめに | iii

　今日の音楽の教師たちが本書を読めば、若い音楽家たちにはさまざまなキャリアを積むためのスキルを与える必要があることに、気が付くでしょう。現在の経済状況では、さまざまな仕事でポートフォリオ・キャリア portfolio career[*1] が必要となり、音楽もその例外ではありません。本書でも強調されていますが、音楽家たちは、オーケストラ、バンド、室内楽アンサンブルなどの活動で培った、さまざまな職業で活用できる汎用的スキルを、もっと自慢に思うべきです。リハーサルや公開演奏会の経験は、本人たちが意識しなくても、多くのことを教えてくれたはずなのです。

　音楽家たちは自律的に物事が考えられますし、チームで働くこともできますし、集中する方法も学習しています。遠い目標に向かって辛抱強く取り組むこともできますし、ネットワークの作り方も知っています。コミュニケーション力もあり、自己アピールもできます。複雑な日程も調整できますし、緊張や不安をコントロールすることもできます。そして仲間たちの会話するときの社交辞令をも、心得ています。こうしたことすべてによって、音楽家たちは、音楽以外の仕事においても、その仕事のさまざまな領域でうまくやっていけます。

　本書でも「キャリア戦略」について多くのことが語られると思いますが、音楽というのは、実際のところ、誰でも築けるキャリア career（仕事）というより、ヴォケーション vocation（天職）なのです。若い音楽家の人はこのことに気付いてもらいたいと思います。あなた方は音楽を愛することで、仕事が不確実であてにならなくて失望してしまうような状況にも、きっと耐えられるからです。音楽は確かな仕事ではありませんし、将来もきっとそれは変わらないでしょう。しかし音楽の仕事は大いに満足を与えてくれますし、それはほかのどんな職業よりも大きいのです。音楽の世界は深く、常に演奏家を夢中にさせ、満足させてくれます。多くの人々が心から音楽を愛し、その音楽を聴かせてくれる演奏家をも、愛してくれているからです。

[*1]　ポートフォリオあるいはポートフォリオ・キャリアについては、本書の第2章の[*1]を参照。

スーザン・トムズ

　イギリスの著名なピアニストのひとり。ケンブリッジのキングズ・カレッジで音楽を最初に学んだ女性としても知られる。ソリストやコンチェルト・プレイヤーとして活躍し、リリースした CD は 50 以上。そのうちの多くが国際的な賞を獲得している。とりわけ室内楽での評価が高い。15 年に渡って室内楽グループ Domus のピアニストを務め、1993 年からはゴーディアー・アンサンブル Gaudier Ensemble に参加した。さらに 1995 年から2012 年までは、世界をリードする、また録音数も多いトリオ、フロレスタン・トリオ Florestan Trio に所属した。ヴァイオリンにエーリヒ・ヘルバルトを迎えてのモーツァルト・シリーズはひときわ高い評価を得た。

　スーザンは「音符を超えて Beyond Notes」(2004)、「音楽家のための初歩 A Musician's Alphabet」(2006)、「静けさの中から Out of Silence」(2010) という、演奏論の著書でも知られている。最後の本は、日本のピアニスト、小川典子によって翻訳されている（春秋社、2012 年）。スーザンの著書は、ケンブリッジとオックスフォードの両大学、さらに通信制のオープン大学などでの演奏論の授業で読まれている。「Times Literary Supplement」は「スーザンは音楽書では珍しく、ひときわ人間性をよく理解している」と評している。

　スーザンは教育者としてもよく知られている。ロンドンでは毎年マスタークラスを実施し、世界中のアンサンブル・グループが参加している。またイギリスのほとんどの音楽大学でマスタークラスを行っている。また彼女は BBC のラジオ 3 とラジオ 4 で番組を担当したり、「The Guardian」や「The Independent」にも寄稿したりしている。また国際的なコンクールの審査員を努め、セミナーを開催し、ウェブサイトでブログを公開している。

(www.susantomes.com)

日本の読者のみなさんへ

ドーン・ベネット

　私たちが本書を出版したのは、音楽大学のカリキュラムにエンプロイアビリティ employablity（さまざまな職業で通用する能力）*1 という考えを浸透させ、学生さんたちの人として、そして職業人としての発達を支援したいという熱い思いからでした。私がこの問題について議論しはじめたのは、2006年の「国際音楽教育学会 International Society for Music Education（ISME）」(1)における「プロの音楽家の育成部会 Commission for the Development of the Professional Musician」(2)に参加したときでした。そして私たちは今もって次のように信じています。すなわち、自分自身の価値、キャリア、チャンス、コミュニティを認識できる若い音楽家を育てることで、彼ら・彼女たちのすぐれた音楽性の育成を阻害してしまうことはないと。そればかりか、自分が演奏する音楽や音楽家であることを冷静にかつ客観的に見ることができる若い音楽家は、人として意味のある、そして経済的にもやっていける音楽の未来を創造することができるのです。

　本書が出版されてから 6 年ほどたちますが、今回、久保田慶一氏の努力で日本語訳が出版されることになりました。また初版が出版されてからの情報も、翻訳では追加されていますので、よりアップデートされた内容になっています。私たちは久保田氏といっしょに仕事をできたことを心より喜び、日本の音楽大学関係者や学生さんたちに、本書を読んでいただける機会を得られたことに、深く感謝しております。

　本書の初版には第 1 部として今回日本語訳された 8 つの章が、そして第 2

部として実践のための教材や資料が含まれていました。しかしこれら実践教材は欧米の学生用に作成されたものであって、日本の学生さんにはあまり役にたたないのではないかという久保田氏の指摘を受けて、日本語版ではこの第2部を割愛することにしました。しかし第2部に掲載された教材や資料は、「ミュージック・ツール・キット music toolkit」[3] からオンラインで入手可能ですので、興味のある方はぜひアクセスしてください。またこの「ツール・キット」の他にも、インターネット上には学生さんや指導者の方が利用できる資料や教材が入手できるサイトがありますので、大いに活用してください。

　この「ミュージック・ツール・キット」には英語で書かれた34の教材や資料が収められていて、次のように分類することができます。

第1部：自己理解から職業へ
第2部：職業から社会へ
第3部：仕事を創出して持続させるためのスキル

　これら教材や資料は、大学教員や学生なら無料で入手できます。ご覧になっていただければ、私たちが「エンプロイアビリティ」と呼んでいるものが、どのようなものであるのかが、おわかりになると思います。学生さんはきっと、自分自身が音楽のプロとしても社会人としても立派にやっていけるという自信がもてるようになり、また社会人として成長していけることでしょう。

　最後に改めて、日本の読者の方々に本書を読んでいただけることに感謝します。そして世界中の多くの音楽大学がこれからもずっと発展していくことを、心より願っております。

2018年4月

（1）　https://www.isme.org/
（2）　https://www.isme.org/our-work/commissions-forum/education-professional-musician-commission-ceprom
（3）　https://developingemployability.edu.au/toolkit/

訳注

＊1　エンプロイアビリティについては、第5章の＊1を参照。

編訳者まえがき

久保田慶一

　本書はオーストラリアの音楽教育学者ドーン・ベネット氏の編纂により、2012 年に出版された "Life in the Real World: How to Make Music Graduates Employable" の翻訳書です。ベネット氏以外に、アメリカ、カナダ、イギリス、オランダの 7 人の音楽教育学者、音楽家、音楽キャリアカウンセラーなどが寄稿しています。内容については、第 1 章で第 2 章以降の概略が説明されていますので、まず第 1 章を読まれるといいかもしれません。

　原著の題名を直訳すると『実世界での生活：音大卒業生が雇用されるようにするための方法』となります。少しかみ砕いて説明しますと、「実世界（リアル・ワールド）」とは職業世界のことです。音楽大学を卒業して、音楽家としての仕事をして働かなくてはならない世界のことです。そして英語のエンプロイアブル employable は、翻訳することが難しい言葉ですが、エンプロイ employ つまり雇用されることができる状態のことです。最近の日本でも「エンプロイアビリティ」という言葉がしばしば聴かれます。エンプロイアビリティが高いということは、どんな職業にも通じる能力が高いということになり、それだけ転職が容易になるということです。これによって職業的な流動性が高まるということでもあります。

　では音大卒業生をエンプロイアブルにするというは、どういうことでしょうか。要するに、エンプロイアビリティを高めるというのは、音楽の演奏や創作以外の、つまり非音楽的な能力を高めましょうということになります。スーザン・トムズさんも「はじめに」書いておられるように、音楽を学ぶ過

程で音楽以外の能力、例えば、コミュニケーション力、ひとつのことに専心
できる能力、人前で発表できる能力などを培っているわけです。その意味で、
音大卒業生はエンプロイアビリティが高いと言えるかもしれません。だから
こそ、音楽とはほとんど関係のない、一般企業でも十分に働いていけるわけ
です。しかし本書では、その能力をできる限り音楽活動に活かす方法を教え
てくれています。

　今回日本語に翻訳したのは、原書の Part1 のみです。Part2 には、資料や
キャリア・カウンセリングに必要なワークシートが多数掲載されています。
これらは内容的に欧米の音楽大学生や若い音楽家向けに作成されているため、
日本の学生や若者には必ずしも適合するものではないと判断し、ベネット氏
の許可を得て、翻訳書では掲載しないことにしました。幸いなことに、ベネ
ット氏が日本の読者に寄せたメッセージにも書かれているように、インター
ネット上で読むことができますので、関心のある方はぜひご覧になってくだ
さい。その代わりというわけではありませんが、8 人の著者の方々には、初
版の 2012 年以降の状況について、日本語版用にパラグラフを新たに執筆し
てもらいました。というのも、2008 年に起こったリーマンショックによっ
て、世界経済は低迷しており、若い音楽家のキャリアにも大きな影響を及ぼ
していると考えられるからです。その結果、日本語版は初版の改訂版のよう
になっており、ベネット氏は私を共同編者として名前を記載することを、提
案してくださいました。

　原書ではインターネット上のサイトが多数紹介されていますが、翻訳書で
は参考文献のみを掲載しました。現在閉鎖されているサイトも多く、日本の
読者に混乱を与えるだけと判断して、割愛いたしました。また学校名の翻訳
に際しては、音楽大学、音楽学部、そして音楽院という 3 つの訳語に統一
してあります。ご了承ください。

2018 年 5 月

目　次

はじめに	スーザン・トムズ	i
日本の読者のみなさんへ	ドーン・ベネット	v
編訳者まえがき	久保田慶一	viii

第１章　音楽、音楽家、キャリア　　3

ドーン・ベネット　アンジェラ・ビーチング　ロジー・パーキンス
グレン・カールーザース　ジャニス・ウェラー

はじめに　3
歴史は繰り返す？　4
音大生のキャリア再考——将来も自分らしくあり続けること　7
アメリカで学んだ音楽家——教育、チャンス、産業界の変化　7
決められた道筋、それとも紆余曲折——プロの音楽家への道　7
生き延びるためのスキル・資質・やる気　8
社会とつながる音楽家　9
時代の変革と生涯学習へのチャレンジ　10
音楽家のプロティアン・キャリアを考える　10
おわりに　11

参考文献／訳注　12

第2章　音大生のキャリア再考
将来も自分らしくあり続けること
13

ロジー・パーキンス

音楽家にとっての「キャリア」をもう一度考える　15
「内在的」キャリアにズームする　18
内在的キャリアの実際――ジャックの場合　20
音楽教員と音楽大学への示唆（その1）――振り返りとその時間の必要性　27
音楽教員と音楽大学への示唆（その2）――内在的キャリアの各側面の発達　29
おわりに　31
謝辞　32

参考文献／訳注　33

リーマンショック後の状況　36

第3章　アメリカで学んだ音楽家たち
教育、チャンス、産業界の変化
39

アンジェラ・ビーチング

成功とはなにか？　39
現代の音楽家をプロファイルする――成功の再定義　40
労働市場――供給と需要　46
アメリカの音楽業界の状況　47
クラシック音楽文化の変化と聴衆　48
テクノロジーが仕事を変える　49
求められる高度なティーチング・アーティスト　50
アメリカの音楽大学　53
高額な学費　55
カリキュラム　56
キャリア支援プログラム　59
おわりに　60
若い音楽家へのアドヴァイス（「してはいけないこと」と「すべきこと」）　61

参考文献／訳注　62

リーマンショック後の状況　63

第4章　決められた道筋、それとも紆余曲折
プロの音楽家への道
65

ジャニス・ウェラー

「大人になる」をもう一度考えてみる　68
教育家とキャリア相談のための実践的指南　72
　プロ意識　72
　コミュニケーション力をつける　74
　さまざまな人たちのための演奏会　75
　教えること　76
　ネットワーク作りと社会参加　76
　インターネットとソーシャル・ネットワーキング　77
おわりに　78

　参考文献／訳注　79

リーマンショック後の状況　81

第5章　生き延びるためのスキル・資質・やる気
83

ドーン・ベネット

音楽文化産業における創造　85
オーストラリアにおける雇用とエンプロイアビリティ　86
　音楽大学やその他の学校　87
　オペラ団体とオーケストラ　88
オーストラリアにおける音楽職業教育　91
重要なスキルと資質　94
　ビジネスと起業　94
　コミュニケーション力　95
　演奏とやる気　96
おわりに　97

　参考文献／訳注　100

リーマンショック後の状況　101

第6章　社会とつながる音楽家　　103

グレン・カールーザース

現代社会におけるクラシック音楽家　　106
カナダの音楽大学・学部　　108
カナダにおける音楽の生産と消費　　109
音楽の仕事の王道　　112
　　オーケストラ・プレイヤー　　112
　　大学教員　　114
ケーススタディ──マリーの場合　　116
おわりに　　120

　　参考文献／訳注　　125

リーマンショック後の状況　　127

第7章　時代の変革と生涯学習へのチャレンジ　　129

リネーケ・スミルデ

時代の変革と生涯学習へのチャレンジ　　130
音楽シーンとプロの音楽家　　133
　　文化政策　　135
　　聴衆　　136
　　テクノロジー　　136
　　音楽教室における教育　　137
　　コミュニティ活動と諸芸術のコラボ　　138
変化に対応するヨーロッパの音楽大学　　139
　　教育システム　　139
　　学生のニーズへの対応　　140
　　国際的流動性とボローニャ・プロセスがもたらしたチャンス　　143
音楽家のための生涯学習　　144
　　音楽家の学習スタイル　　145
　　音楽家のリーダーシップ　　145
3人の生涯学習者の例──イザーク、ダニエル、ウェンディ　　146
　　イザーク　　147
　　ダニエル　　148
　　ウェンディ　　150

再考・音楽家の役割　152
　　教育的リーダーシップ　152
　音楽家の未来のための戦略　154

　　参考文献／訳注　156

リーマンショック後の状況　158

第8章　音楽家のプロティアン・キャリアを考える　161
マイケル・ハンナン

私の人生　164
ビジネスの世界に入る　168
研究の世界へ　171
音楽を言葉で表現する　172
教えること　173
さらなる研究　175
ようやく定職に　177
アカデミックな世界　180
おわりに　183

　　参考文献／訳注　185

リーマンショック後の状況　188

編訳者あとがき　191

索引　199

音大生のキャリア戦略

音楽の世界でこれからを生き抜いてゆく君へ

第 1 章　音楽、音楽家、キャリア

ドーン・ベネット
アンジェラ・ビーチング
ロジー・パーキンス
グレン・カールーザース
ジャニス・ウェラー

はじめに

　著名なチェンバロ奏者ワンダ・ランドフスカは、かつてこう語ったことがあります。「この世で最も美しい瞬間は……学んだことと内面から湧き出ることが、ぴったりとつながりあう瞬間である」と（Sachs, p.144）。世界中の心ある教育家や指導者（メンター*1）たちが、学生たちに職業界の現実を知ってもらおうと努力しています。しかしこの綱渡りを難しくしているのが、学生たちが成功に抱いている、あまりにも時代遅れの考えであり、また大学のカリキュラムには、こうした大切なことについて語りあう時間が用意されていないことです。昔ながらの成功観に浸っている限り、学生ひとりひとりの強みや関心、やる気が考慮されることはありません。本書がこうした学生たちの置かれた状況を改善する助けになればといいと思います。

　本書では、さまざまな国の教育家が、今日のグローバル市場において音楽家たちが直面しているキャリア上の重要な問題を論じています。すなわち、アイデンティティ*2の形成、生涯学習、学校から職業への移行、起業精神、変化する職場や音楽家と社会の関係などです。また本書は、職業人としてのアイデンティティという広範な問題を扱っていますので、調査データ、音楽家のプロファイリング、実践的な手段や方法を紹介したりもしています。

それぞれの著者は自分たちの専門分野から、音楽家という多面的な職業について論じています。「多面的」という言葉を使ったのは、音楽大学には音楽家になるためのチャンスが満ち溢れているのですが、卒業後の彼ら・彼女たちに提供される仕事はほとんどなく、「多面的な」働き方をしなくてはならないからです。

音楽家という職業はあまり「つぶし」がききません。サイモン・ラトルのような指揮者やナタリー・クラインのような演奏家のキャリアをめざすにしても、今日のように本当にグローバルな時代には、ほとんどの音楽家が教育の仕事だけでなく、さまざまな仕事を求めて、世界中を飛び回らなくてはなりません。とどのつまり、将来の音楽家は、日々の仕事に追われる、そのかたわらで、演奏旅行のチャンスや国際的なコラボレーションを探し求めるしかないわけです。

本書だけで、音楽活動の主要な部分のすべてを網羅することは不可能です。読者の方々も、音楽家としての人生には共通する要素があることに気付いてくださるでしょう。しかしこうした共通要素は、ここで例示された範囲を超えて、広く応用することができます。本書に収められた章をすべて読み通してもらえれば、夢ややる気を失わずに、これから取り組むべき幅広い音楽実践の数々をわかっていただけるでしょう。

歴史は繰り返す？

今日活動している多くの音楽家たちが、一人でさまざまな仕事をこなしているのは、どうしてなのでしょうか？　演奏の仕事はさほど多くはないはずなのに、どうしてそう見えるのでしょうか？　何かが変わったのでしょうか？

歴史を少し見ればわかることですが、実際のところ、音楽家の仕事というものは多様で、今も昔もほとんど変わらないのには驚かされてしまいます。

中世の音楽家はしばしば、町の人々に差し迫る危険を伝えたり、決められた時刻に教会の鐘を鳴らしたりといった警備の仕事をしていました。また彼

らは弟子を育て、他の音楽家たちといっしょになって、聴衆のさまざまな好みに応えて娯楽音楽を提供したりしました（Headington, 1980）。12 世紀以降になると、音楽家たちは同業組合（ギルト）を組織して、（数は限られていたものの）メンバーの権利や収入を保護しました。そうは言っても、音楽家の収入だけでは、基本的な生活費すら賄うことはできませんでした。収入を増やすために、彼らはフリーランスの仕事を求め、さまざまな仕事を請け負うようになったのです。ある者は写譜屋（コピスト）として、ある者は侍従や教師として、働きました。またある者は、各地から情報を集めて、統治者にそれを売るというスパイのような仕事もしていたのです（もちろん、今日ではこのような仕事をする人はいませんが）。とりわけ遍歴音楽家は惨めな生活を余儀なくされました。彼らの多くは中世後期まで、身分社会の外で生活をし、そのために法的な権利も認められませんでしたし、ギルトへの加入も叶いませんでした。彼らは現金を切実に求めたのですが、いつも物品での施ししか受けられませんでした。

　14 世紀になると、宮廷や教会での仕事に多くの者が就けるようなります。稀なケースですが、町楽師のなかには、幸運にも生涯に渡って雇われ、昔の音楽家では考えられなかったステータスを享受した者もいたのです。17 世紀が近づくと、学校の音楽教師、オルガニスト、写譜屋として、さらに宮廷、都市、軍隊などで演奏家として働くものも現れます（Bukofzer, 1978）。

　18 世紀には教会と宮廷の支配が弱くなり、大都市でコンサートが開催されるようになります。また貴族たちが宮廷にオーケストラを構えたことで、器楽奏者の雇用も増加しました。しかし、わずかな「スーパースター」だけしか高額な収入を得ることはできませんでした（Petzoldt, 1983）。たいていの音楽家は、レッスンやフリーランスなどのさまざまな仕事をこなすことで、収入増を図らなくてはなりませんでした。例えば、ゲオルグ・フィーリップ・テレマンは、教会の音楽監督という仕事の他に、コンサートを企画し、その実行部隊として働き、結婚式などの行事にも音楽を提供していたのです。

　19 世紀なると宮廷での雇用は減少し、音楽家の多くはパトロンを探し求めたり、印刷業や販売業のビジネスをはじめたりします。コンサートは収益

を上げることが求められる営利活動となり、音楽家がしばしば陣頭指揮をとりました（Rohr, 2001）。さらに起業家精神にあふれたヴィルトゥオーソの演奏家は、自らの並外れた演奏技術でもって金になるキャリアを歩みます。ショパン、リスト、ベートーヴェン、シューベルト、パガニーニ、ブラームス、ベルリオーズなど、彼ら全員がフリーランスとしての人生を貫いたのです。ブラームスはフリーランスの編集や編曲の仕事で生活費のほとんどを賄いましたし、パガニーニはナポレオン・ボナパルトの妹の宮廷での安定した職を辞して、ヨーロッパ中をフリーランスとして渡り歩いたのです。

　仕事にありつくために音楽家たちが歩んだキャリアは、実にさまざまで、また実り多いものだったわけですが、その歩みはこれまた複雑きわまるものでした。しかし音楽家としての成功というものは、いつも演奏家としての華麗なキャリアとして描かれてきたのです。現代の教育家やメンターたちが挑んでいることは、音大生に音楽家としてのキャリアの広さや深さを伝え、また持続可能なキャリア形成してくれるようになることです。本書の各章で紹介するのも、まさしくこうした教育家やメンターたちの挑戦なのです。

音大生のキャリア再考——将来も自分らしくあり続けること

　過去の音楽家と同様に、現代の音大新卒生は、短期的そして長期的な戦略を立て、しばしば外から何のガイドを得られないままに、それら戦略を日々実行しなくてはなりません。第2章では、ロジー・パーキンスが音大生の「キャリア」の再考を試みていて、プロの世界に飛び込むまでの過程で、学生たちがどのようにして自らのアイデンティティを構築し、期待した方向を修正していくのかを説明します。イギリスにおける音楽活動の特色や可能性だけでなく、プロの音楽家になるまでの学生たちを3年間に渡って調査した『学びから演奏へ Learning to Perform』プロジェクトの成果も紹介しています。

アメリカで学んだ音楽家——教育、チャンス、産業界の変化

　第3章ではアンジェラ・ビーチングが、現代の音大生のキャリアの可能性が、彼らの教師の時代とどのように異なるかを明らかにしています。彼女は起業的なキャリアを構築した多くの音楽家の営みを追跡しながら、成功に導いた特性やスキルを詳細に語っています。アメリカの視点で書かれており、アメリカで勉強したいあるいは仕事がしたいという方には、実践的な情報を提供していますが、同時に、キャリアの目標設定、目標に到達するまでの訓練、芸術に関する経済状況、音楽に関連した職業の需要と供給、音楽の起業といった問題を広く論じています。

決められた道筋、それとも紆余曲折——プロの音楽家への道

　ルイ・パスツールは「幸運は用意された心のみに宿る」と言いました。音大生は卒業が近づくと、就職のための準備をはじめますが、成功へのチャンスを活かせる方法はたくさんあります。お金に不自由しない人生をずっと歩

み続けていけるための呪文などはありません。必要とされるのは、冷静に自分を見られるか、見通しをもち、それを柔軟に修正できるか、音楽界全体を知りたいという欲求があるか、そしてこれらを統合できる対人能力を備えているかなのです。

第4章では、パスツールの「用意された心のみに宿る幸運」を得られるための方策を示しています。若い音楽家たちは「学生」という意識を捨てて「職業人」としてのアイデンティティを獲得していくわけですが、移行期にあって期待と不安に揺れ動く学生たちが、何をどのように準備したらよいのかを、ウェラーは示してくれています。この章では省察と実践というふたつの方法を活用して、和気あいあいとした学生生活を抜け出して、音楽家としての曖昧模糊とした不確かな世界へと歩みだす学生たちをサポートしています。すでに自覚ができていて、準備もできている、そして好奇心をもって精進していて、意欲ある若者たちには、多くの可能性が提示され、ほんの少しだけかもしれませんが、幸運のおすそ分けに与ることができるでしょう。

生き延びるためのスキル・資質・やる気

音楽大学のカリキュラムを分野の多様性に対応させて構築していくためには、音楽家のキャリアが複雑であることを理解しておくことが必要です。第5章でドーン・ベネットがオーストラリアから報告しているように、音楽家として満足できるキャリアを築くには、演奏や音楽以外の役割が大切であるのにもかかわらず、多くの人が演奏以外の仕事の必要性を認めていないのです。一般的な労働市場でも多くの人々が、まるで芸術家のキャリアを模倣しているかのように、成功を求めて、自身の行動、能力、そして人々とのつながりを広げています。この成功は決して他人の目から見ての成功ではないはずです。自分の内面から見ての成功であり、仕事と個人の双方の欲求を満足させるものではなくてはなりません。

このようなキャリア形成の方向性を説明する最も一般的な用語が、複数の役割を同時にこなすことを指す「ポートフォリオ portfolio」と、キャリアの

伝統的な枠組みを超えたことを指す「バウンダリーレス boundaryless」でしょう。これらに共通するのは、複数の場所で雇われて、伝統的なヒエラルキーや昇進などは眼中にはなく、仕事場以外の環境での成長をよしとする働き方です。

　芸術におけるこうしたキャリアをおそらく最もうまく表現する形容詞が、「プロティアン・キャリア protean career」でしょう。ベネットは第5章でこのことを詳しく述べています。プロティアンという語は、ギリシャ神話の海神プロテウスに由来します。彼は危険から逃れるために、自由自在に姿を変容させることができたのです。雇用を継続するためには、ますます多くの人がこのような行動をとる必要を感じています。海神プロテウスは最初の変身できる人間だったのですが、ひとりでさまざまな仕事をこなさなくてはならないプロティアンのような音楽家は、自分たちの活動を限定せずに、音楽におけるさまざまな活動からキャリアを築き、そのつど新しい可能性を引き出せなくてはならないでしょう。

社会とつながる音楽家

　音楽史は音楽家のキャリアがいかに多様であったのかを、教えてくれます。そして現代の音楽家たちも、自分たちに期待されている、さまざまなことがらによって、日々の生活だけでなく、生涯に渡ってすべきことも多様になっています。例えば、コミュニティの音楽生活にどのように貢献するのか、どうしたら幅広く多数の聴衆を獲得できるのか、起業家のスキルがどう成功にむすびつくのか、そしてテクノロジーは世界中の人々をつなげてくれるのかを、常に考えていかなくてはならないからです。

　カナダから報告してくれたグレン・カールーザースは、音楽家を社会という広いコンテクストに置いています。第6章で彼が言うように、社会が音楽家に異なる何かを期待するようになれば、音大生や彼らを教える音楽大学も、それに応えなくてはなりません。カナダにおける仕事や教育に関する事例の他に、この章では、こうした変化についての説明に紙面を費やし、学生

たちが、コミュニティとつながりがもてるようになるための方策のいくつか
を、提案しています。

時代の変革と生涯学習へのチャレンジ

　第7章でリネーケ・スミルデが述べるように、ヨーロッパのプロの音楽
家たちも同じように、急速に変化しつつある新しいコンテクストに可能性を
求め、そのためにはどうすればよいのかを柔軟に考えなくてはなりません。
またこの章では、ヨーロッパの音楽家たちに見られる傾向や変化が概観され、
さらに、ヨーロッパの新しい教育行政と音楽家たちの国際的な流動性に照ら
して、ヨーロッパの音楽大学がこうした現実の変化にどのように適応しよう
としているのか、その状況を考察しています。こうした変化が音楽家たちに
どのような影響を与えたのかを見るために、著者は音楽家の生涯にわたる学
習のスキルや態度に関する伝記的研究から、その事例を紹介しています。

音楽家のプロティアン・キャリア[*3]を考える

　本書がお伝えしたいことは、音楽家は演奏だけをする人ではないというこ
とです。そうではなくて、音楽家というのは、ひとつあるいは複数の専門分
野において音楽の仕事をしている人なのです。多彩なスキルをもった専門家
として、ポートフォリオあるいはプロティアン・キャリアの中に彼らを位置
づけるのは、彼らを演奏家としてしか見ない伝統からすると大きな進歩でし
ょう。あらかじめ定められた成功の序列ではなく、個人の強みや関心にもと
づいたキャリアの可能性を大きく広げてくれるでしょう。
　最後の章では、マイケル・ハンナンがプロティアンとしての人生を語って
います。彼の仕事はピアノ伴奏、写譜、コマーシャル音楽の作曲、ロックバ
ンドでの演奏、音楽研究、さまざまな場所での教育活動、雑誌への寄稿、音
楽辞典の編纂、クラシック音楽以外での演奏、そして現代音楽の専門家養成
など、多岐に及んでいます。彼は学校教育だけでなく自主的な学習を通して、

音楽家としての人生を歩んでいくのに必要な、ビジネスやコミュニケーションのスキルを学んでいるのです。

おわりに

　どうすれば音大卒の若者は仕事にありつけるのだろうか？　成功とは何だろうか？　雇用される、あるいは自営業を営むとはどういうことなのか？音楽家とはそもそも何なのか？──本書がめざすのは、将来演奏家としての活動を続けようという若者たちに、自分たちがなろうとしているのは「どんな種類の音楽家」であるのかを自由に考えてもらうことです。そのためにも、音楽で成功するということがいったいどういうことなのかを、広い視野に立って、自らを振り返りつつ考えてみることが必要なのかもしれません。

　本書が皆さんにさまざまな思考を促し、そうすることでお役に立てればと思いますし、今後の私たちの研究のために、ご意見やご感想を聴かせていただければ幸いです。最後になりましたが、読者の方々は、自分のやりがいとは何なのか、やりがいを達成することが、将来どのような役割を担うのかについて考えてください。そして本書が、ただ単にキャリアだけを考えるのではなく、音楽に生きるためにはどのように人生を設計したらよいのかを考えるきっかけになれば、幸いです。

参考文献

Bukhofzer, M.（1978）. *Music in the baroque Era*（4th ed.）. London:Dent & Sons.

Headington, C.（1980）. *The Bodley Head history of western music*（2nd ed.）. London: Bodley Head.

Petzoldt, R.（1983）. The economic conditions of the 18th century musician（H. Kaugman & B. Reisner, Trans.）. In W. Salmen（Ed.）, *The social status of the professional musician from the middle ages to the 19th century*（pp.161-188）. New York: Pendragon Press.（Original work published 1971）.

Rohr, D.（2001）. *The Careers and Social Status of British Musicians*. Cambridge: Cambridge University Press.

Sachs, H.（1982）. *Virtuoso*. Bath: The Pitman Press.

訳注

＊1　メンター mentor とは、人生や職場における助言者のこと。職場では新入社員の精神的なサポートをする。

＊2　アイデンティティとは、「自己同一性」と訳される。詳しくは本書の第 2 章の＊3 を参照。

＊3　プロティアン・キャリアについては、本書の第 8 章を参照。

第 2 章　音大生のキャリア再考

将来も自分らしくあり続けること

ロジー・パーキンス

　高校を卒業して音楽大学に入学することは、若者たちにとってちょっと緊張する出来事です。音楽大学にはとにかく演奏のうまい若者が集まってくるからではありません（Burt & Mills, 2006）。学生たちが入学して数年たって、そろそろ将来のキャリアを考える時期になると、自分以外にも多くの若者が同じような目標に邁進しているのを知って愕然とし、そして入学当初に抱いていた将来への期待値を、やむなく下げなくてはならないことを知っているからです。

　演奏での成功以外はプロの音楽家としての成功とは見なさない風潮の中で、演奏以外の活動を仕事にしなくてはならないとなったら、自分が「二流の」音楽家であると感じたとしても、決して不思議なことではないでしょう。すでに大学生の時期から彼ら・彼女たちは、プロの音楽家としての自分の立ち位置を明確にしようと悪戦苦闘していますし、自分がどのような人間なのか、他の人は自分をどう見ているのか、そして最終的に選んだ仕事が果たして自分にとってどのような意味を持っているのかという問いに対する答えを、求め続けているのです。

　ポートフォリオ・キャリア[*1]がプロの音楽家たちにとって当たり前のものとなるにつれて、成功の定義も確かに変化していますが（第 3 章を参照）、音大生たちはしばしば飛び交うさまざまな言葉に惑わされ、未だ五里霧中で

す。音楽教師を例にしましょう。ここには恐ろしい習慣があります。演奏家として「なにがしか」をしたかどうかで評価され、教師になることは「次善の策」であると考えられているのです（Huhtanen, 2008）。

　それでも教えることは音楽家としての成長にも役立ちますし（Burt-Perkins, 2008）、またこのことで自身の成長が感じられることも確かなのです（Mills, 2004）。大学としても、音大生たちのポートフォリオの一部として人に教えることを推奨・支援しています。学生たちも教えることが本意ではないと言いますが、自分たちの先生のようになりたいとも言っています。演奏家としてだけでなく、教師としての貢献をちゃんと認めているのです。これらはほんの一部の例ですが、ここからも、プロの音楽家を養成する現場には期待、願望、そして序列が複雑にからまりあっているのが垣間見られます。

　進路を決定したり、将来の期待を修正したり、さらに本来の目標が最終的に達成されないかもしれないということを受け入れる場面で、多くの若い音楽家が葛藤に直面し、それを口にしたとしても、驚くべきことではないでしょう。しかし音大時代には、こうした問題を克服するために努力する以上に、おそらく専門のスキルや習慣を修得することに、多くの時間が費やされてしまっているのです。

　では、学生たちにこうした問題を克服するための方法を学んでもらうために、大学の教員、職員、そして当局は、何をすべきなのでしょうか？　学生たちが自らの成長や将来について建設的に考え、自分自身や目標をよく理解して、十分に成長したうえで自信をもって卒業してもらえるには、どうすればいいのでしょうか？　この章では、ロンドンにある王立音楽院（RCM）[*2]が行った調査を紹介して、音楽家にとっての「キャリア」とは何であるのか、そして彼ら・彼女たちのキャリアにおいて「アイデンティティ」[*3]と「将来の見通し」[*4]はどのような役割をしているのか、そして学生たちが音楽家として成長していく道案内するための実際的な方法を、より新しい視点から考えてみたいと思います。

　以下の考察は、4つの節に分かれています。最初の節では、音楽を職業にしたいという、その考えられる理由を示し、実際に音楽家になろうというと

きに、「キャリア」という言葉が何を意味するようになるのかを明らかにしたいと思います。次の節では、キャリアの「内在的」側面である、特に音楽家としての「アイデンティティ」と「将来の見通し」に焦点をあてます。そして3つめの節では、RCMの学生であるジャックのケーススタディを紹介して、キャリア選択がアイデンティティに対して、あるいはその反対に、アイデンティティがキャリア選択に対して、どのような影響を与えるのかを解明したいと思います。そして最後の節では、この章で考察したことを、将来の音楽家や教員たちに、どうしたらうまく活用してもらえるのか、その具体な方策を提案したいと思います。

音楽家にとっての「キャリア」をもう一度考える

　勉強、仕事、家賃の支払いといった試練や苦労など数多くあるなかで、よりによって音楽の世界で自らのキャリアを追求したいという決断をした背景にはどのような理由があるのかを、まず考えてみたいと思います。ジャネット・ミルズ（2005）がいみじくも指摘したように、音楽の道を選ぶことは間違っていませんし、音楽は我々すべての人生の基本にあって、人としての生活に大いなる喜びを与えてくれます。このような喜びを世界中の聴衆と分かち合いたいという願いが、おそらく音楽家になりたいという人の心を掻き立てるのでしょう。それは、音楽の経験を他の人と共有したい、あるいは、音楽にしか表現できないことを表現していると感じたいという願望でもあるでしょう。おそらくそれはまた、音楽は争いや対立を克服し、コミュニティをひとつにできるという理想であり、満員のウィグモア・ホール*5での演奏を終えてステージを下りるときの、あの心満たされた感動なのかもしれません。

　音楽家一人ひとりの動機が何であれ、大切なことは、音楽の職業人生には「9時−5時」という仕事はなく、音楽家という職業は人生の一部で、価値観、決断、夢、期待、さらに生活費を稼ぐ現実的な要求などが交錯しているのです（Cottrell, 2004）。学生が大学で音楽を学ぶことをなんらかの理由で選

択した時点で、すでにひとつの重要な決断をしています。RCM のほとんど
の学生がそうであるように、音楽で生きることを目標にするという決断をし
ているのです。自分の居場所を見つけ、同じ専門で他の人と競争し、自分た
ちを駆り立てている動機が何であるかを見つけようとあがくのも、そのため
です。そして、生涯に渡って音楽を職業にしていくためには、目的をもち、
積極的であり、かつ柔軟であることが必要だとわかるやいなや、彼ら・彼女
たちにとっての問題はいっそう複雑にもなるのです。

　学生たちに向かってなされる、「あなたは人生において何を達成しようと
しているのですか？」という質問は、おそらく憶測の入った、いささか意地
悪なものです。また、音楽家に関して「キャリア」というときに、実際のと
ころ、どのような意味でこの言葉が使われているのでしょうか？　多くの職
業において、長年にわたって（まっとうな）キャリアとして培われてきた正
規雇用モデルは今でも通用します。しかし音楽家にはこのようなモデルが当
てはまらないことは明らかです。

　本書では、音楽家が歩む道が変化に富み、多様で、昇給や昇進といった制
度のないポートフォリオ・キャリアであることが、何度も主張されます。キ
ャリアは音楽家にとって「長期間にわたる行動を統制するための道具」
(Young & Valach, 2000, p.188) であると説明するのが、おそらくいいでしょう。
キャリアとは外在的であり、同時に内在的なのです (Cochran, 1991)。

　外在的というのは、人はお金を稼ぐために、一定の時間に一定の活動に従
事しなくてはならないからです。そして内在的というのは、他人との関係に
おいて、自分が何者であるかを理解しなくてはならないからです (Mills,
2004)。重要なことは、キャリアが職業以上のものであって、それが人生の
あり方そのものだということです。つまり、人はキャリアを通して、「目標
を定め、計画し、努力をして結果を出そうとしますし、心の中にある合理的
な考えやさまざまな感情を枠づけること」(Young, Valach & Collin, 2002, p.217)
ができるのです。

　RCM の卒業生を対象にした、キャリアに関する包括的な研究において、
ミルズはこうした考えを発展させて、音楽家の既存のキャリア・モデルがい

かに間違っているのかを示しました。そして図1にあるようなモデルを示して、キャリアを考えるには4つの視点が必要であることを明らかにしたのです。

図1：音楽家の「キャリア」の概念図（Mills, 2004）

　キャリアの外在的側面に含まれるのが、(1) さまざまな活動に費やされる時間と (2) これらさまざまな活動から生み出される収入です。そして内在的側面に含まれるのが、(3) 自分自身をどのように見ているのかということ（アイデンティティ）と、(4) 将来の見通し（展望）です。ミルズは調査でRCMの1,300人の卒業生を対象にしたのですが、音楽家のキャリアはきわめて複雑で複合的であり、考察するにはこれら4つの側面すべてを含めることが必要であると考えました。

　ミルズとスミスの主張（2002）によれば、キャリアの外在的側面と内在的側面の双方を結び付けられる音楽家が「成功」すると言います。例えば、子どもたちの音楽活動を支援する仕事をすることを目標にしている音大卒業生がいて、生活費を稼ぐために、オーケストラで働いている時間の方が多くなれば、彼・彼女にはきっと不満が溜まるでしょう。そしてミルズのキャリア・モデルが若い音楽家たちを指導する際の有効な手段ということになれば、キャリアの外在的と内在的の「両方の側面」の発達を促すようなプログラムを、より多く提供する必要があることになります。

　この章では、大学生活には将来の見通しとアイデンティティが重要であることを示すために、内在的な側面に焦点をあてたいと思います。しかし私が

最も主張したいことは、学生たちがキャリアの両方の側面を結び合わせることができるように支援していくこと、そのためにはまず、音楽大学が彼ら・彼女たちにプロの音楽家としての生活の現実を知らしめなくてはならないということなのです。

「内在的」キャリアにズームする

キャリアの内在的側面のひとつがアイデンティティです。この言葉は、教育学、心理学、音楽教育学でよく使用されます（例えば、MacDonald, Hargreaves & Miell, 2002 を参照）。この章では概念的あるいは理論的な考察はしませんので、私がどのような意味合いで、アイデンティティという言葉を使ったり、そのことについて考えたりしているのかを、ごく簡単に説明しておきましょう。私は社会的構築主義の考え方*6に倣って（Berger & Luckmann, 1966）、アイデンティティというのは、音楽家たちが移動したり、他の人と交流したりするという、多重的な社会空間において構築されると考えています。マクドナルドら（2002, p.10）は、次のように言っています。

　　社会的構築主義の理論によれば、人は多くのアイデンティティをもっています。それぞれがひとつのコア・アイデンティティをもっているわけではなく、他の人との交流において作られるのです。こうした複数のアイデンティティは矛盾しあいます。例えば、音楽家が一人で練習しているときと、ステージ上で演奏しているときとでは、別の人間でしょうし、音楽以外の活動に参加すれば、また別の人間になるでしょう。社会的構築主義的に言えば、アイデンティティは常に進化し変化して、こうした相互作用によって新しいアイデンティティが生み出されるのです。

ここで大切なことは、アイデンティティは他人との相互作用によって生み出され、複数の変化するアイデンティティをもつ（ことができる）というこ

とです。アイデンティティは変容し流動的だということです。アイデンティティは決して、ひとつの「固定された実体」などではなく（Triantafyllaki, 2010）、複数の変化する層からなる自己理解なのです。だからこそ「キャリア」の一側面である（多重的で流動的な）アイデンティティというものが、「他人や活動する状況との関係に自分自身を認め、自分が何であるかを明らかにするための手段」となるわけです（MacLure, 2001, p.168）。

　若い音大生にプロの職業を理解してもらうにあたって、アイデンティティについての理解を深めてもらうときにも、まさにこの点が重要となるのです。学生たちが自らのアイデンティティを考えることで、自分が何者であるかを「知っている」のか、他人との関係をどのように「感じている」のか、そして自分と音楽との関係がどのようになっているのかを説明できるのです。

　これと密接に関係しているのが（図1を参照）、学生たちが自分の願望や目標、そして「将来の自分」について語るときの「将来の見通し」です（Hallam, 2009; Marcus & Nirius, 1986）。キャリア・カウンセリングに言わせれば、「将来の自分」こそ「自分は何者であるのかという自己概念と今後の行動へのインセンティヴをつなげてくれるものであり、今の複数の自己を理解する際の枠組みとなる」（Meara et al., 1995, p.259）のです。要するに、学生たちが自分たちの行動、関心、知識などを吟味するようになり、プロの音楽家になるという期待を、やがて再度構築しようとするに至ったときに、アイデンティティと将来の見通しがあることで、自分自身のことがよりよく理解でき、言葉でもうまく表現することができるわけです。

　イギリスの最近の研究では、学生たちが柔軟なアイデンティティを構築できる時間をカリキュラムの中に入れることが、専門性を高めるためにも、音楽の幅広いキャリアを準備するためにも大切であることが明らかにされています（Burt-Perkins, 2008）。アイデンティティは学習の付け足しで育成されるものではなく、それどころか音楽家になるための王道の道しるべとして、なくてはならないものなのです。

　実際に、クリーチら（2008）は、プロの音楽家へとスムーズに移行していくために必要とされるさまざまなスキルの中で、汎用性が重要であると主張

しました。この柔軟なアイデンティティに求められているのも、幅広いスキルを身に付けること、イニシアティブをとること、専門的知識を集約すること、さらに目標を見直す余地を残しておくことだとされています。言い換えれば、「拡大」学習（Fuller & Unwin, 2003; 第 8 章を参照）、すなわち、快適な状態から抜け出して新しいことに挑戦するという学習をはじめるということなのです。こうすることで、若い音楽家たちのアイデンティティは揺さぶられ、より広くなり、新しい経験や機会に対して、心をよりオープンな状態にしていけるのです。

　ここからは、学生たちの言葉を聞きながら、思い描いているキャリアの内在的側面が実際にどのように育成されるのかを検証してみたいと思います。アイデンティティが日常生活でどのように形成され、それがどのように（なぜ）変化し、そのことで音楽家としてのキャリア形成がどのように準備され、最終的に音楽大学はこうした変化の中にある学生たちをどのように指導し、また支援していくのがよいのかについて、いくつかの例で考えてみたいと思います。

　以下に引用したのは、「学習から演奏へ Learning to Perform」と題された、音楽学習に関する縦断的研究の一部です。私がジャックと呼ぶ学生は、学部でピアノを専攻する学生です。ブジョルド（2004）の理論に倣って、ジャックのキャリアを理解するために、彼の語り（ナラティヴ）*7 を材料にしました。この手法はキャリア研究では広く用いられており、それというのも、「自分の人生の枝葉をつなげるために人々が語る物語にこそ、内在的キャリアが明らかにされるからです。」（Barley, 1989, p.49）

内在的キャリアの実際──ジャックの場合

　キャリアの内在的側面に焦点を当てるために、ジャックの将来の見通しとアイデンティティを 3 年にわたって追跡し、それらが時間の経過とともに、どのように移行し、変化していったのかを調べました。彼の内面的変化は 5 つの「スナップショット」に分かれ、それぞれが学生生活の各時期に対応

しています。またジャックのプロファイルは、内在的キャリアの複合的な側面を映し出すだけでなく、学生と教師がともに考える材料にもなるでしょう。

スナップショット1──学部1年生の終わり

将来の見通し	アイデンティティ
僕のかつての夢は、ソロのピアニストになることだったけど、今はもっと現実を見ないといけないと思っています。思った以上に、ピアノは本当に大変で、つらいものです。…僕は教えることが好きなのかもしれません。いや本当に教えることが好きなんです。	適切な言葉があるかわかりません。何でもありかなあ。現代音楽も室内楽も、ピアノのソロも、音楽以外の勉強も好きです。他の人のことを考えずに、ひとつの方向に自分を定められないのです。…ピアニストになっている自分は考えられません。確かにピアノが弾けるのでピアニストかもしれないが、仕事にはなりません。生活費を稼ぐことができれば、立派なピアニストでしょうね。でも僕にはそれはできないし、音大生としてもうこれ以上、言うことはありません。

　最初のインタビューでは、音大生に特有の混乱が感じられます。彼の夢はソリストになることでしたが、「もっと現実を見ないといけない」と言って、この夢を否定しています。ジャックはソロの演奏家になることが多くの音大生にとって現実的ではないことに気付いているわけです（Roger, 2002）。そして音大生の間ではよく耳にする口癖、「ソリストになりたいが、そう簡単ではないよ。先生になれるだけでいいじゃない」を口にします。

　このような言葉と将来の見通しとを結びつけてみると、彼の「夢」という外在的キャリア（ソロのピアニスト）と、内在的キャリア（何でもありという学生）との間にギャップがあるのがわかるでしょう。つまり、「なんでもあり」という志向と、プロになるというかなり狭い選択肢とが、ずれてしまっているわけです。おそらくこのようなずれが顕著に現れたのが、ピアニストになれても、稼げないのでは仕様がないという言葉です。ジャックのキャリアの内在的側面、つまり勉強してもっと成長したいという願望が、外在的な

側面に押されてしまって、必ずしもジャック自身の展望とは一致していない
はずの、ソリストとして成功するという筋書きが支配しているのです。

スナップショット 2 ──学部 2 年生のはじめ

将来の見通し	アイデンティティ
できれば、コンクールに参加したいと思います。「音階」を昇っていけば、認められるでしょう。もしコンクールでうまくいかなかったら、もう何の望みもありません。	気持ちは音大生ですが、ソロでオーケストラと共演するなんていう、すごいことも経験しているんだ。でも、ピアニストになる気持ちにはまだなれないのです。自分の気持ちを正直に言うと、ロンドンにいるひとりの音大生なんだ。それ以外には何もないよ。

　学部 2 年生のはじめのスナップショット 2 では、ジャックはまだ演奏中
心のキャリアを志向しています。コンクールでの成功を再度夢見て、音楽の
職業の序列を（彼は「音階」と表現して）具体的に語っています（Cottrell,
2004 を参照）。私がインタビューする以前から、ジャックはヨーロッパのあ
る団体と個人的につながりをもっていて、このつながりのおかげで、演奏の
機会を与えられていたのです。インタビューの時点では、このつながりから
将来の職業を考えることもできたようです。しかし最終的に、この演奏のオ
ファーを断ってしまうのです。演奏だけが期待されているような仕事を受け
てしまうと、自分がめざしている音楽を犠牲にしてしまうと考えたのです。
　この「出来事が転機となって」（Burnard, 2000）、ジャックのキャリアに注
目すべき変化が現れます。彼は自分にとって音楽を職業にすることはどうい
うことなのかを探索し、（「音階」を昇るという）既成の成功観を拒否しはじ
めたからです。しかしオーケストラの伴奏で演奏できる大きな仕事があるの
にもかかわらず、彼はまだ自分のことを「音大生」と言っていますし、これ
まで見定めてきた目標に近づいているようなのですが、自分の感じ方や考え
方を実際に変えるまでには至っていないと言えるでしょう。

スナップショット 3 ──学部 2 年生の途中

将来の見通し	アイデンティティ
どんなことをしても、幸せになりたいです。お金持ちでなくてもいいけど。(インタビュアー:音楽はそこに含まれていますか?)もちろんです。音楽なしでは生きていけません。音楽家でなくても、生徒に教えていたり、聴衆のひとりであったりしても、かまいません。演奏なくして生きていけません。(インタビュアー:プロになるのに必要なことは、それだけですか?)いいえ。知的でなくてはいけません。音楽は知的な営みです。演奏をするのも好きですが、音楽について考えたり、書いたりすることも好きです。そうすることで自分の気持ちが表せるし、あなたが音楽を聴いたときにどんな気持ちになるのかも説明できますから。	ピアニストであるよりも、音楽家であると言いたいです。しかし私自身が広い世界に開かれた存在であると表現したいですね。音楽家だけに自分を限定したくありません。

　スナップショット 3 からは、ジャックの将来の見通しとアイデンティティに、顕著な変化が起こっていることがわかります。当初の「夢」から離れて、幸福、音楽活動、そして知的な充実をもたらすキャリアを志向しはじめているのです。つまり、自分自身の中に、未だ目標に到達できない、ただ頑張るだけの音大生の姿を見るのではなく、音楽を学習し、音楽について考え、音楽について文章を書き、それでいて音楽を演奏もするという音楽家の姿を見るようになっているわけです。

　彼の将来の見通しはもはや、コンクールでの成功のような外在的な側面に縛られることなく、音楽を愛することで得られる自己充足の方に向けられています。この時点で、彼の外在的キャリアと内在的キャリアは一歩も二歩も近づいたことになるでしょう。すなわち、自分がめざすプロとしての役割に近づく努力をしている今の自分の姿に、「将来の自分」を見ることができるようになっているわけです。

このような変化の道筋はスナップショット4で確実になり、ジャックはこれまで感じていた（おそくら語られなかった）プレッシャーも口にして、ソロ活動に向かう気持ちを明確にします。「僕は自分のしたいことをすることを目標にしたいと思います。つらい思いをして、今現在していることを続けるだけのようなことをしたくありません。」

スナップショット4──学部3年生のはじめ

将来の見通し	アイデンティティ
いつもいい音楽家でありたいです。やる気をなくしたり方向性を見失ったりしたくありません。いつも前進していたいです。今も一生懸命ですし、いつも練習室にいて考え込んだりしたくないですからね。そんなことはまっぴらです。もし人に教えることがあるならば、私がそうしたいからです。演奏しているのは、演奏したいからなのです。	音楽は孤島ではないので、すべてを持ち込む必要はないのです。これだけ知っていれば、十分です。…文化の世界は魅力的で、お金持ちになりたいというような気持ちにはならないのです。たくさんお金があれば、ケンジントンにすばらしい家が持てるなんて考える必要もないのです。音楽があれば、私は豊かな気持ちになれるのですから。

　ジャックはソロでの演奏を「孤島」であると、興味深い比喩で語っています。ここには、表彰や賞金ではなく、知識や文化によって豊かになることに価値を置くという、彼のアイデンティティが見て取れるでしょう。彼はもはやソロのピアニストになろうとは思っていませんが、「諦めた」とは言っていないのです。むしろ、ピアニストや音楽家としてのスキルを伸ばせる時間と場所が得られるような職業を求めているわけです。スナップ1にはっきりと見られた葛藤はここでは後退して、自らの夢を確信することで、実現できないことには期待しないようになっています。

　ピアノのソリストというキャリアを追求していたジャックが、音楽家として多彩で柔軟な役割を求めるようになったことを、私たちは見てきました。

ここでの彼は、将来の見通しやアイデンティティを再評価し、自分にとって大切なことに精を出し、自分の強みを知って、キャリアから本当に得たかったものを確かめているのです。一年後に卒業を控えて、内在的なキャリアのさまざまな側面をしっかり理解して、それと外在的キャリア（今の彼の行動）が合致していることが確信できる行動計画を立てることも、できるようになっていたのです。

　しかし彼は同時に、ここに至るまでに遭遇した苦労の数々をしっかりとわかっていました。自分には何でもできるということが自慢でしたが、ソリストとしてもすぐれていなくてはならないというプレッシャーも意識しつづけていたことは、スナップショット5が説明しています。

スナップショット5──卒業後

将来の見通し

ときどき考えるのですが、なんでもできることは、必ずしも強みではありません。ひとつのことがうまくできて、それに身も心も捧げている人のほうが好まれるからです。しかし私の音楽人生についてはそうではありません。私は才能のあるピアニストではありません。テクニックもそこそこですし、音楽家としても二流ですが。しかしいつも向上することだけを考えて、限界があるとは思っていません。（インタビュアー：あなたの考える音楽家とは何ですか？）わかりません。多くの人がオーディションをめざし、世の中で認められようとしますが、この音楽院を卒業する頃にはそんな夢もはがれ落ちて、壊れてしまっているでしょう。自分には何ができるんだろう、どうしたら幸せになれるんだろうと、考えてしまうでしょう。でも、私は違います。少しは当てはまりますが、ピアノのソロで活動することは私の性分にはあいませんし、楽しめません。私は人々と音楽を共有して、音楽について知ってもらいたいし、学んでもらいたいのです。私にとってはこれが大切なのです。

　さて、ジャックにとって大切な課題とは、何が自分を幸せにしてくれるのかを知ることでした。そしてこれと分かちがたく結びついていたのが、無数

の葛藤でした。勤勉であることへの期待、音楽大学のカリキュラム、そして期待と不安が、内在的なアイデンティティと将来の見通しが対峙していたからです。確かにこうした葛藤は克服しがたいものでありますが、音楽家としての自覚、すなわち、音楽家という現実の職業にとって必要な自覚に到達するためには、また必要不可欠であったとも言えます。ジャックの話からは、以下のようなことが、今後の学生支援に必要であることがはっきりとしました。

・学生たちがチャレンジできるように、励まし、許容してあげること。
・柔軟になれる方法を修得できるように、学生たちを支援してあげること。
・学生たちが、自らの「キャリア」に則って、成功を再定義できるようにしてあげること。
・キャリアの内在的側面と外在的側面とが等しく評価される土壌を醸成すること。

これらと関連して、ジャックの話が私たちに想起させることは、音楽教育は全人的教育であって、自己を見つめる力と音楽的能力の双方を育てることだということです。次の節では、どのように教師たちが学生たちの進路を導いてあげればよいのか、その方法を紹介したいと思います。

音楽教員と音楽大学への示唆(その1)——振り返りとその時間の必要性

　私たちはジャックの旅を、主に彼自身の言葉を通して、いっしょに歩んできましたが、読者の中には、また別の教訓を得たという方もおられるでしょう。いろんな意味で、彼の話を聴くだけで知り得ることは多いですし、励みにもなり、なるほどと思うことも多いわけです。この本で紹介されている音楽家たちのプロファイルを参考にすると、もっと多くの示唆を得ることができるでしょう。

　実際にクリーチら（2008, p.329）が説明するように、音楽大学に入学してその後音楽家としての仕事をするまでの移行は、イヴェントとしてではなく、「プロセス」として考えるべきなのです。音楽大学は「音楽家としての責任や自律性のみならず、自信、対人能力、忍耐力などを育成できる支援システムを適切に配置しなくてはいけません。」このような支援システムとして、例えば、学生たちが将来の見通しやアイデンティティを明確にして、これらの変化を内省できるような時間（場所）を提供するだけでいいのかもしれません。音大生の忙しい毎日を考えると、このような時間はないかもしれません。ジャックは次のように語っています。

> 　『学習から演奏へ』のプロジェクトのインタビューのおかげで、そうでなければ口にはしなかったであろう、自分の希望や気持ち、そしてやる気を声に出した言うことができました。度重なるインタビューは、その時点ごとに、私の向上心や恐怖心がいったいどこに向いているのかを考えるきっかけとなりました。こうして、私がさまざまなことに関心を持っているその状態を、まるで絵にしたように、はっきりと描くことができたのです。つまり、これによって——アレキサンダー・テクニックともよく似ているのですが——自分自身と向き合うことができるようになったのです。アレキサンダー・テクニックとこのプロジェクトによって、とにかく私の心はより開かれ、このような活動を演奏や人生に取り入れることで、多くのことが学べるということを理解したのです。

学生たちと定期的に、理想的には、主専攻での教育と関係ない人物と、評価などを気にしなくてよい安心した環境で面談すれば、学生たちはキャリアの様々な側面について発言してくれるでしょう。こうすれば、学生たちの内省や発達を促しますし、さらに教師たちの理解を助け、職業世界へと移行するプロセスに沿って、学生たちを支援することも可能となるでしょう。図2は、このような面談の基礎となる、「最初の」質問をまとめて整理したものです。

将来の見通し	アイデンティティ
・将来の目的は何ですか？ ・5年後、どのようになっていたいですか？ ・10年後は？ ・どうして〇〇を成し遂げたいのですか？ ・どれくらいの期間に、〇〇を達成したいですか？	・自分のことをどう思いますか？ ・どうしてそのように思うのですか？ ・他の人は、音楽家であるあなたをどのように見ていると思いますか？ ・あなたはどのように見られたいですか？ ・音楽のどんな仕事に向いていると思いますか？ ・どうなれば幸せですか？
時　間	収　入
・どのようなことに多くの時間を使いますか？ ・音楽あるいは音楽以外で、どのような活動をあなたはしていますか？ ・一週間をどのように時間配分していますか？ ・今の状況に満足していますか？ ・卒業したら、どのような時間配分になりますか？	・エキストラのような仕事をしていますか？ ・教えたりするなどして、お金を稼いでいますか？ ・その場合、どのような時間配分で行っていますか？ ・どうしてそのような配分になっているのですか？ ・時間に見合った収入の仕事だと思いますか？ ・卒業したら、どのようにお金を稼いでいると思いますか？

図2：音大生の「キャリア」の諸側面を明らかにする質問

こうした質問に答えることで学生は、将来どうなっていたいのか、現実とのギャップはどこにあるのか、そして、自分の夢を実現するために何ができるのかを、よりよく理解できるようになります。可能であるならば、学期ごとに、あるいは期間はともかく定期的に同じ質問をして、回答が時間とともにどのように変化したのかを、自分で確かめてもらうのもよいでしょう。

音楽教員と音楽大学への示唆（その2）──内在的キャリアの各側面の発達

外在的キャリアと内在的キャリアのそれぞれの目標間のギャップが何であるかがわかり、それぞれの方向性が常に変化していることに、学生が気付いたとしましょう。では、どのようにして彼らを支援すればキャリアの発達を促し、さまざまなニーズに対応できるようになるのでしょうか？　学生たちが仲間どうしで学ぶことを望んでいるならば（Burt & Mills, 2006; Lebler Burt-Perkins & Carey, 2009）、学生各人の過去の経験を引き出し、それらを互いに、今現在あるいは将来に照らしてみるのも、賢明なやり方でしょう（卒業生とのリンクについては、本書の第4章を参照）。ジャックの話をベースに、「学習から演奏へ」のプロジェクトの他のデータを当てはめてみると、以下のような模範的なアドヴァイスを想定することができます。

・在学中にできるだけ多くの音楽活動やそれ以外の活動に参加しておくこと

このことで学生たちは将来の職業キャリアの準備がうまくできるばかりか、新しい活動への可能性を発見したり、試みたりすることができます。特に、音楽の専門以外の活動に積極的に参加することが望まれます。そうすれば、学びの環境も広がっていくことでしょう。

・目標に向かって前進することを恐れないこと

ジャックの場合、最初は華やかなソロ活動を目標にしていましたが、自分のやりたいこととは違うという理由から、当初の目標を変更するのですが、それには随分と苦労しました。彼はこの決断をするために、将来いったい何

をしたいのかということを、再考しなくてはならないからです。学生たちには自分にとって何が大切なのかを、考えたり話し合ったりする場所や時間が必要なのです。これをするためには、学生を指導する教師やチューターの理解が必要であることを忘れてはいけません。この章で紹介したような議論に、教師たちに入ってもらう機会をつくっていくことも大切でしょう。

・自分の学びの主導権をもつこと

　学生たちがたとえ目標が達成できないと感じたとしても、夢を捨てる必要はありません。そうではなくて、どうして達成できないと思ったのか、どうしたら夢をもう一度考え直すことができるのか、そしてもっと大切なこととして、夢を描き直すにしても、どうしたらやりたいことが実現できるのかを、学生たちに考えてもらうのです。こうしたことができるように、学生たちには必要なときに必要とされる専門スキルを修得できるように、大学側はプログラムが柔軟に組めるよう、体制を整備しておかなくてはなりません。

・自分にとって「キャリア」の成功とは何であるかを考えてみること

　学生ひとりひとりが成功をどのように考えようとも――たとえ、騒ぎまくる子どもを前にして演奏したとしても、あるいはカーネギーホールで演奏したとしても――、学生たちが目標に向かって努力している限り、支援してあげなくてはなりません。しかしたとえ成功が定義できたとしても、常に自分を失わず、柔軟で、心をオープンにして、時間と共に変化するキャリアに順応できなくてはならないということだけは、学生たちには言い聞かせておかなくてはなりません。「心変わり」は敗北宣言ではありません。むしろ、音楽家が生涯において何度も経験するであろう、目標の変更のひとつでしかありません。

　上記のアドヴァイスを学生に伝えるにあたって、学生たちが考えたことをすぐに実行に移せる機会を提供するプログラムを準備しておく必要があります。ジャックの話は多くの点で、他の学生の場合と違っていました。特に、

実体験やキャリアの捉え方についての相違は決して見逃せないものでした。しかしこのような相違があるときこそ、専門スキルを柔軟に活用したいものです。さらに、教える経験、コミュニティ活動、起業などを含む専門的スキルの訓練（第3章を参照）を適切な時期に実施すれば、学生たちは外在的、内在的の両方のキャリアにおいて、確実に成長することでしょう。『学習から演奏へ』のプロジェクトでも、一人ひとりの発達段階に応じたアプローチを適切に行うことで最も高い効果が得られると、結論付けています（Burt-Perkins, 2008）。

おわりに

　あなたの将来の目標は何ですかと尋ねられた学生が、こう答えました。「私は国際的なスターになりたいのですが、そんなことはあり得ませんね。」これはとても残念な答えですね。音楽の仕事とほとんど関係ない成功について考えているばかりか、まだ卒業前なのに、すでに自分の将来に満足していません。大学というのは、専門教育の場であると同時に、自分を成長させてくれる場でもあります。音楽大学でも同じのはずです。外在的キャリアと内在的キャリアのギャップが縮まって、自分の行動に満足できるようになることが大切なのです。そしてこのようなチャンスが十二分にあるのが、学部生の時代なのです。

　多くの学生が演奏家としての仕事を求め、演奏を職業にしたいと思っていますが、ソリストとして国際的に活動できる人はほんの一握りの人であることも、みんなよく知っています。もし成功の基準を自ら高く設定してしまうと、ほとんどの学生が到達できず、挫折してしまいます。そしてこれが原因で、学生たちは自分の能力に疑問をもちはじめますし、いざ教えたり演奏以外の仕事をしたりすることになると、「演奏家くずれ」であると感じてしまうわけです。

　実際のところ、ほとんどの音大生は高い技能をもち、勉強熱心で、幅広い仕事ができる音楽家なのです。音楽での成功が音楽界のある特定の分野で最

高峰に到達することであると考えるなんて、まったく無意味です。ジャックの場合でも明らかなように、成功というのは、音楽を演奏し、それをみんなで共有し、一人ひとりが掲げる目標に到達して、最終的には一人ひとりが幸せになれることなのです。この章ではほんの出発点として、カリキュラムに有効な支援を組み込むことを試みてみました。現代の音大生が複雑な問題を解き明かしていくには、さらなる努力が必要でしょう。

謝辞

　この章はもともとジャネット・ミルズとの共著でしたが、彼女は他界してしまいました。ここで示されたアイデアの多くは彼女に負うもので、彼女はそれらをみごとに展開してくれたおかげで、こうして立派な論文になりました。この章における音楽家のキャリアに関する幅広い知識は、彼女に負うものです。

参考文献

Barley, S.R.（1989）. Careers, identity, and institutions: The legacy of the Chicago School of Sociology. In M.B. Arthur, D.T. Hall & B.S. Lawrence（Eds.）, *Handbook of career theory* (4th ed., pp.41-65). Cambridge: Cambridge University Press.

Bennett, D.（2008）. *Understanding the classical music profession: The past, the present and strategies for the future*. Aldershot: Ashgate.

Berger, P.L., & Luckmann, T.（1966）. *The social construction of reality: A treatise in the sociology of knowledge*. New York: Anchor Books.

Bujold, C.（2004）. Constructing career through narrative. *Journal of Vocational Behavior*, 64, 470-484.

Burnard, P.（2000）. How children ascribe meaning to improvisation and composition: Rethinking pedagogy in music education. *Music Education Research*, 2 (1), 7-23.

Burt, R., & Mills, J.（2006）. Taking the plunge: The hopes and fears of students as they begin music college. *British Journal of Music Education*, 23 (1), 51-73.

Burt-Perkins, R.（2008）. *Learning to perform: Enhancing understanding of musical expertise*. Teaching and Learning Research Programme Research Briefing 47.

Cochran, L.（1991）. *Life-shaping decisions*. New York: Peter Lang.

Cottrell, S.（2004）. *Professional music-making in London: Ethnography and experience*. Aldershot: Ashgate.

Fuller, A., Papageorgi, I., Duffy, C., Morton, F., Haddon, et al.（2008）. From music student to professional: The process of transition. *British Journal of Music Education*, 25 (3), 315-331.

Geertz, C.（1973）. *The interpretation of culture: Selected essays by Clifford Geertz*. New York: Basic Books. ── C. ギアツ『文化の解釈学（1・2）』吉田禎吾、柳川啓一、中牧弘允、板橋作美訳（岩波書店、1987 年）

Hallam, S.（2009）. Motivation to learn. In S. Hallam, I. Cross & M. Thaut（Eds.）, *The Oxford handbook of music psychology* (pp.285-294). Oxford: Oxford University Press.

Huhtanen, K.（2008）. Constructing a conscious identity in instrumental teacher education. In D. Bennett & H. Hannan（Eds.）, *Inside, outside, downside up. Conservatoire training and musicians' work* (pp.1-10). Perth: Black Swan Press.

Lebler, D., Birt-Perkins, R., & Carey, G.（2009）. What the students bring: Examining the attributes of commencing conservatoire students. *International Journal of Music Education*, 27 (3), 232-249.

MacDonald, R., Hargreaves, D., & Miell, D.（2002）. *Musical identities*. Oxford: Oxford University Press. ── R. マクドナルド、D. ハーグリーヴズ、D. ミエル『音楽アイデンティティ：音楽心理学の新しいアプローチ』岡本美代子、東村知子訳（北大路書房、2011

年)

MacLure, M. (2001). Arguing for yourself: Identity as an organizing principle in teacher's jobs and lives. In J. Soler, A. Craft & H. Burgess (Eds.), *Teacher development: Exploring our own practice* (pp.167-180). London: Paul Chapman.

Marcus, H., & Nirius, P. (1986). Possible selves. *American Psychologist*, 41 (9), 954-969.

Meara, N., & Day, J. D., Chalk. L. M., & Phelps, R.E. (1995). Possible selves: Applications for career counselling. *Journal of Career assessment*, 3 (4), 259-277.

Mills, J. (2004). Working in music. *British Journal of Music Education*, 21 (2), 179-198

Mills, J. (2005). *Music in the school*. Oxford University Press.

Mills, J., & Smith, J. (2002). *Working in Music: Becoming successful*. Unpublished paper presented at the Musikalische Begabung in der Lebenzeitperpektive, Univeristy of Paderborn.

Poole, M. E., Langan-Fox, J., & Omodei, M. (1993). Contrasting subjective and objective criteria as determinants of perceived career success: A longitudinal study. *Journal of Occupational and Organizational Psychology*, 66 (1), 39-54.

Rogers, R. (2002). *Creating a land with music: The work, education and training of professional musicians of the 21st century*. London: Youth Music.

Triantafyllaki, A. (2010). Performance teachers' identity and professional knowledge in advanced music teaching. *Music Education Research*, 12 (1): 71-87.

Young, R.A., & Valach, L. (2000). Reconceptualizing career psychology: An action theoretical perspective. In A. Collin & R.A. Young (Eds.), *The future of career* (pp.181-196). Cambridge, IK: Cambridge University Press.

Young, R.A., & Valach, L., & A. Collin (2002). A contextualist explanation of career. In D. Brown (Ed.), *Career choice and development* (4th ed., pp.206-254). San Francisco: Jossey-Bass.

訳注

＊1　ポートフォリオ・キャリアとは、個人がさまざまな職業的役割を担い、自分の能力を多角的に活用していくキャリア形成のこと。詳しくは、拙著『2018年問題とこれからの音楽教育』（ヤマハミュージックメディア、2017年）pp.181-184. ならびに拙著『大学では教えてくれない音大・美大卒業生のためのフリーランスの教科書』（ヤマハミュージックメディア、2018年）pp.114-116. を参照。

＊2　ロンドンにある王立音楽大学とは、The Royal College of Music London のこと。1882年に設立された。

＊3　アイデンティティ identity は、「自己同一性」と訳される。自分が何であるか、つま

り自分を同定 identify すること。例えば、「私は日本人である」あるいは「私は〇〇大学の学生である」など、個人には複数のアイデンティティが存在すると考えられる。身分証明書はアイデンティティ・カード identity card あるいは identification card である。

*4 将来の見通しとはヴィジョン vision のこと。ヴィジョンはラテン語の videre に由来する。テレヴィジョン television は遠くを見るという意味である。

*5 ウィグモア・ホールとは、ロンドンにある有名な音楽ホール。1901年にドイツのピアノ製作会社のベヒシュタイが建造し、ベヒシュタイン・ホールとして開館した。第1次大戦が勃発したことで、イギリス政府に接収され、デベナクム百貨店が買収し、1917年、ホールが面している通り名から、ウィグモア・ホールと呼ばれるようになった。客席数は552席。

*6 社会的構築主義 social constructionism / social constructivism は、社会(的)構成主義とも呼ばれる。現実にある物や現象、さらにそれらの意味や内容は、人間の意識によって構成あるいは構築されたもので、それをなくしては物や現象は存在しないという考え方。例えば、アイデンティティがしっかりしていると言った場合、何か実体としてのアイデンティティがあるかのように思われるが、実際には、各人の思考や行動から推測される特性にすぎない。

*7 語り（ナラティヴ）とは、物語のこと。もとは文芸理論の用語であったが、さまざまな学問分野に普及している。ここでは、各人がそのときどきの考えや心情を語ったものを、語り（ナラティヴ）と呼んでいる。各人が実際に経験した出来事が、その人の意識や考えによって構成されたものであることから、前述した社会的構築主義の研究方法として利用されることが多い。人が語るキャリアも「跡付けである」と言われる場合には、こうした意味が含意されている。

リーマンショック後の状況

イギリスがこの 10 年間に経験したのはリーマンショックの影響だけではありません。「ブリグジット Brexit」と呼ばれていますが、EU から離脱するという決定したことが今後に及ぼす影響も、見逃すことはできません。このように政治が急速に変化するなかで、教育と芸術の分野は財政面での削減と改革に直面しています。とりわけ、予算が削減されたことで学校の音楽教育では、音楽の専科教員の数が減らされ、それによって音楽を学ぶ児童や生徒の数も減少しています。こうした状況下にあって、音楽大学の卒業生には、変化する政治的・社会的・財政的な状況に機敏に対応できる、柔軟性のある自分（アイデンティティ）を培っていくことが、以前にもまして重要になっています。

このようなニーズに対応して、特に王立音楽院（RCM）は、ふたつの新しい取り組みをはじめました。ひとつは、学生たちが「芸術と健康」に関するプロジェクトに参加できる制度です。例えば、メンタル・ヘルスを改善するための打楽器ワークショップや、産後にうつ状態になってしまった母親たちの合唱活動に、学生たちは参加します。そしてプロジェクトに参加するために、学生たちは健康や音楽のための一定の訓練を受けたり、音楽以外の場面でリーダーシップを発揮することが求められたりします。こうして、新たに求められる役割を果たすことで、自身のポートフォリオもより豊かなものにしていくことができるわけです。またこのプロジェクトは、RCM の「演奏科学センター」の共同で実施されていますので、学生たちの活動はそのまま、いかに音楽活動がメンタルヘルスや生活を改善するものであるのか（Perkins et al., 2016; Fancourt & Perkins, 2018）、あるいは学生たちが新たにどのような環境の下でスキルの向上させているのか（Perkins et al., 2015）といった研究に、新しいデータをただちに提供しています。

ふたつめは、大学院修士課程での取り組みです。2011 年に設置された「演奏科学修士」課程は、社会科学の方法というレンズを通すことで——音

楽家としての生活全体で演奏に関するすべての側面を含みつつ——演奏とい
う行為をしっかりと理解できるようになることを目的としています。この課
程の学生はまず基礎科目として、演奏心理学、教育学、健康学、調査法を学
び、実生活に根ざした課題を演奏活動を通して解明するというプロジェクト
を企画します。学生たちのこうした活動が、彼らの日々の仕事や研究に役立
つだけでなく、新しい、そしてよりしっかりとしたキャリアパスを準備し、
新しい知識や技能を提供し、さらに個人的な成長を促したりするのです
(Perkins & Williamon, 準備中)。この課程は音楽大学ではきわめて珍しく、ま
たはじめての試みだと思いますが、さらに 2018 年 9 月に、RCM には新し
い「教育学修士」課程が設置されました。この課程は、音楽活動での教育学
的経験を積むことで学生の職業的スキルを向上させるという、実践研究を目
的とした応用科学的な課程です。
　この新しい課程は、音楽家たちに新しい職業領域やそこでの活動を提供す
るだけでなく、高等教育レベルでの音楽研究の取り組みを新たに展開するも
ので、音楽大学の文化にも新しい風を吹き込んでいます。

参考文献

Fancourt D & Perkins R (2018), The effect of singing interventions on symptoms of postnatal
　　　depression: a three-arm randomised controlled trial, British Journal of Psychiatry, 212, 119-
　　　121

Perkins R & Williamon A (in press), Creative leadership-in-action through a conservatoire-based
　　　MSc in Performance Science, in D Bennett, JL Rowley, & PK Schmidt (eds.), Leadership
　　　in, and through, Music Education, Routledge.

Perkins R, Ascenso S, Atkins L, Fancourt D, & Williamon A (2016), Making music for mental
　　　health: how group drumming mediates recovery, Psychology of Well-Being, 6 (11), 1-17.

Perkins R, Aufegger L, & Williamon A (2015), Learning through teaching: exploring what
　　　conservatoire students learn from teaching beginner older adults, International Journal of
　　　Music Education, 33, 80-90.

第 3 章　アメリカで学んだ音楽家たち
教育、チャンス、産業界の変化

アンジェラ・ビーチング

　この章では、創造的かつ革新的なキャリアパスを展開している、現代のアメリカの音楽家たちの取り組みを検証します。これらの例から、今日誕生しつつある音楽の新しい傾向のいくつが明らかになるでしょう。というのも、彼らの多くが、起業やテクノロジーで成功し、聴衆やコミュニティとつながる新しい方法を探索することに関心を寄せているからです。

　この章ではまた、需要と供給の問題、芸術界の経済状況、音楽界での仕事、そしてアメリカにおいて音楽家たちがどのように教育されてきたのかについても、お話したいと思います。筆者はアメリカの有名な音楽院のひとつ、ニューイングランド音楽院[*1]で、永年キャリアカウンセラーとして勤めてきました。ここでは、将来、アメリカに留学して、その後に仕事をしたりしたいと思っている人たちにとっても、実際に役に立つ情報を提供しようと思います。

成功とはなにか？

　多くの音楽家たちが夢という炎を燃し続けられるのは、ある神話を信じているからです。その神話とは、「本当に、本当に、本当に、一生懸命練習すれば、先生から言われたことがすべてできてしまって、できるだけいい学校、

コンクール、そしてオーディションに行けて、運と、おそらく先生のコネが
あれば、『何かを成し遂げる』ことができるはずだ」というものです。「何か
を成し遂げる」ということは、世界の一流オーケストラの団員になることで
あり、メトロポリタン・オペラ*2やスカラ座*3でタイトルロールを歌うこ
とです。さもなければ、国際的な「スター」になって、ソリストや室内楽奏
者として、世界中を演奏旅行したり、レコーディングしたりすることなので
す。

　しかし「音楽家たちの抱く職業像があまりにも狭くて、自分たちのキャリ
アパスを模索する道を狭めてしまっている」というのは、かつてヒュースト
ン交響楽団の第1ファゴット奏者や室内楽奏者として活発に活動し、今は
ライス大学で教鞭をとっているベン・カミンズの言葉です（Beeching, 2010,
p.6）。他の人もこう言っています。「音大生は、オーケストラに職を得られ
れば一生幸せにすごせると考えているが、それは誤りだろうね。確かにその
ような職を得て、ずっとそこに居続けることはすごいことではあるのだが、
芸術家としての満足を保障するものではないだろう」（Career Forum, 2007）。

　音楽大学やそこで教えている教員は、学生たちに奨学金を与え、定期演奏
会に出演させ、音大卒という、実際に役にたつのかどうかもよくわからない
「お守り」を預けることで、こうした若者たちの夢を後ろからは支えてはい
ます。しかし音大にいると、学生は（そしてしばしば教職員も）、実世界とい
う厳しい現実やそこでの変化に気づかなくなってしまうのです。残念ですが、
このような「お守り」が、新しい仕事を開拓してくれたり、これまでにない
キャリアパスを教えてくれたりするという、御利益を与えてはくれないので
す。

・現代の音楽家をプロファイルする──成功の再定義

　最も若い世代にあるプロの音楽家の特徴は何でしょうか？　どのようなキ
ャリアを彼ら・彼女たちは築いているのでしょうか？　成功をどのように定
義しているのでしょうか？　以下に紹介するのは、プロの音楽家として成功
した例ですが、彼らのキャリアはこれまで考えられてきた成功という枠には、

きっと収まりきらないでしょう。こうした例が、音楽大学の学生や教員が現実に目を向けて、この問題を議論してくれるきっかけになってくればと思います。

チェリストのマット・ハイモヴィッツ Matt Haimovitz はここ数年、アメリカのメディアで注目されています。『ニューヨーク・タイムズ New York Times』に彼の一風変わったコンサートツアーについての記事が連載されたのがきっかけでした。どこが変わっていたのかというと、彼は自身のチェロ・リサイタルを、ロック・クラブ、コーヒーウス、ピザ店などで開催したのです。同世代の人がほとんど足を運んでくれそうにはない、一般的なコンサートの形に満足できなかったのです。自分が情熱を傾けている音楽を――J. S. バッハから現代作曲家の作品であれ、ロックのスタンダードを自身でチェロ用に編曲した曲であれ――、とにかく彼は若い世代の人々に音楽を聴いてもらいたいと思ったわけです。

ハイモヴィッツは、これまで音楽があまり演奏されなかった場所での演奏を考えました。アメリカ人の作品を演奏した「アンセム」ツアーでは、アメリカの国歌「星条旗 The Star-Spangled Banner」のジミ・ヘンドリクスによる即興バージョンを演奏したり、CBGB *4 として知られた、かつてのニューヨーク・シティのミュージック・クラブでライブ録音をしたりしました。彼はこうした新しい場所を開拓するや、ジミ・ヘンドリクスにプロジェクトの応援を依頼し、うってつけのクラブを見つけてはすぐさま予約をして、次から次へとコンサートツアーを成功させたのです。

ハイモヴィッツと作曲家のルナ・パール・ウールフは後に、クラシックのインディーズレーベル「オクシンゲール・レコード Oxingale Records」を立ち上げ、多彩なアーティストを起用しては、ジャンル混合型のコラボ作品などを 15 以上リリースしました。また最近のプロジェクトの成果には、3 人のピューリッツァー受賞のアメリカ人作曲家による、文学をテーマにしたチェロ組曲集《シェークスピアを読んだ後に After Reading Shakespeare》があります。ハイモヴィッツはこのアルバムを 40 以上の都市で演奏し、ボーダーズ書店のチェーン店で実施したこともあります。オクシンゲールは YouTube

のチャンネルをもっていますし、レーベルのウェブサイトからは、マット独特のチェロのけばけばしい着信音を自由にダウンロードできます。

　ふたつめの例は、ボストンを拠点としているピアニストのサラ・ボブ Sarah Bob です。彼女は現代美術と音楽の融合にずっと関心をもっていて、2000 年には、現代美術と音楽を対話させるという「ニュー・ギャラリー・コンサート・シリーズ New Gallery Concerts Series」を立ち上げました。毎回のコンサートは、彼女も運営に携わっている、ボストンのコミュニティ・ミュージック・センターで開催される美術作品の展覧会とのコラボレーションで実施されます。彼女自身が美術作品を選び、その作品に合う音楽を作るよう、作曲家たちに依頼するのです。

　2008 年現在で、26 のコンサートが実施され、123 曲の以上の作品が演奏され、そのうち 30 曲が世界初演でした。これに対して展示された美術作品は 20 名以上の世界中の作家たちの作品で、その数は数百にも上りました〔訳注：2017 年 11 月現在で、公式ウェブサイトによると、演奏会の数は 56 回、演奏作品は 300 曲以上で、72 曲以上が世界初演となっています〕。

　シリーズで紹介された音楽作品はさまざまで、クラシックから現代音楽、即興演奏、電子音楽、ジャズ、前衛音楽で、これに対する美術作品は、彫刻、絵画、室内インスタレーション、写真、映画でした。彼女自身はこうした活動をはじめた動機を、次のように説明しています。「とにかく、おおぜいの情熱的で創造的な芸術家たちに囲まれているだけで、興奮しちゃうわ。イヴェントの責任ある立場で参加して、彼らのエネルギーを共有できるのは、スリリングでさえあるのです」（2008 年 12 月 5 日、サラ・ボブとの会話から）。

　3 つめの例は、ロードアイランド州のプロヴィデンスで 10 年以上に渡って、革新的な都市型レジデンシー、「コミュニティ・ミュージック・ワークス Community Music Works」（http://communitymusicworks.org/）を展開する、プロヴィデンス弦楽四重奏団です。ヴァイオリン・ヴィオラ奏者のセバスティアン・ルース Sebastian Ruth がこのプロジェクトを立ちあげたのも、コミュニティを創造したり活性化させたりするうえで、広く重要な役割をするのが音楽であるという強い信念からでした。雑誌『ザ・ニューヨーカー The

New Yorker』で「革命的な楽団」とアレックス・ロスからも絶賛されたこの弦楽四重奏団ですが、子どもたちの放課後プログラムや公立学校で音楽の授業といった公的サービスがほとんどない都市近郊部で、演奏会やリハーサルをしたり、レッスンなどもしたりしました。

ブラウン大学を卒業したルースですが、彼は大学の公的支援機関であるスウェーラー・センターからの1万ドルの助成を得て、このプロジェクトをはじめました。今では楽団が実施するコミュニティ音楽活動は、助成金と個人献金で支えられ、2009年までにその予算は63万ドルにまで達しました。さらに近隣の子どもたち100人以上にレッスンをして、域内で楽器体験や演奏ができるようにと、楽器の貸し出しもしています。参加希望待ちの生徒がかなりの数に上っていることからも、このプログラムは子どもたちやその家族にとても人気があることがわかります。

この地域以外のコミュニティにも影響を与えたという点では、2006年からはじめられた、コミュニティでの演奏方法を若い音楽家たちに教える、2年間のフェローシップ・プログラムを開始したことが注目できます。フェローたちは、プロヴィデンス弦楽四重奏団のメンバーといっしょになって、教えたり、演奏したり、プログラムを立案したりします。こうした訓練を終えたフェローたちは、アメリカの他の地域や世界中に出かけていき、それぞれのコミュニティに合ったプログラムを企画してくれるだろうという思いが、楽団にはありました。

ここまでの例からも、新しい世代の音楽家たちの活動の底流には、いずれも音楽と聴衆をむすびつける新しい方法を探究するという使命感が共通してあることがわかります（第6章を参照）。コミュニティの聴衆や彼らの関心から離れた、伝統的な公式の場で演奏することに、音楽家たちはもはや満足していません。現代の音楽家は、音楽に社会を変える力を感じ取っているのです。こうした市民芸術家は、その活動を通してコミュニティと直接につながり、交流する方法を模索しているわけです。

声楽の分野では、ここ10年の間に、第5章でベネットが紹介するような、オーストラリアの室内オペラのような団体がアメリカでも設立され、ちょっ

としたブームになりました。このような室内オペラの団体はわずかな予算で運営されており、少人数のキャストと伴奏者による 1 幕もののオペラを上演することが多いようです。こうした企画が立てられるのも、歌手や作曲家に新しい機会を創り出し、新しい聴衆に音楽を届けたいという情熱があってのことです。もう少し予算があれば、地方の作曲家に新作を依頼したり、さらに聴衆やレパートリーを拡大したりすることだってできるでしょう。

テノール歌手のジョン・ウィットレージー John Whittlesey が発案した「インテルメッツォ室内オペラ」は、グランド・オペラの醍醐味と芸術歌曲の臨場感をミックスした、小さいながらもアットホームな空間でオペラを上演します。特にこの団体は、20 世紀と 21 世紀の英語による（特にアメリカの作曲家の）室内オペラ作品を取り上げます。ボストンを拠点にするインテルメッツォは、これまで 6 作品を委嘱し、かなりの数のファンを獲得し、批評家の評価もよく、レパートリーもなかなかのものです。

ウィットレージーは病院のコンサルタントのアルバイトをしていて、資金も豊富です。彼は自分の夢を実現するにあたって、音楽と音楽以外の幅広いスキルをフルに活用しているようです。レパートリーの選択やキャスティング、そして必要な資金集め、契約、リハーサルのスケジュール、集客に至るまで、彼の仕事は多岐に渡りますが、リスクに報いるだけの収入を得ているようです。

オーケストラについては、近年、チケット売上の減少、聴衆の趣味の変化、経費の増大、寄付金の減少などにより、難しい状況にあります。しかしながら、独創的なプログラムを組み、巧みにプロモーションをして、大口の寄付集めに成功するなど、明るいスポットの当たる団体もいくつかあります。

新作をどんどん取り上げるオーケストラというと、指揮者のギル・ローズが 1996 年に設立した「ボストン・モダン・オーケストラ・プロジェクト BMOP」があります。設立当時は、ボストンにもうひとつオーケストラが実際に必要なのかと、多くの人が思ったものです。ボストンには、ボストン交響楽団のほかに、すでに地域オーケストラがいつくかあり、さらに現代音楽に特化した小規模な団体がたくさんあり、地域メディア、聴衆、そして芸術

助成団体の関心を引くために、しのぎを削っていたからです。それにもかかわらず、ローズはオーケストラを立ち上げたのです。団員はトップクラスのフリーランスの演奏家たちで、年間 5 つのメイン・ステージのプログラムを実施し、さらに地域や小会場でも演奏しました。BMOP には絶賛する批評が寄せられ、地域のファンも育っています。これまでに 40 以上の作品の初演、20 以上の作品を委嘱し、50 以上もの CD を発売しています。ローズは、一見実現しそうにない夢を追求し、成功に導く、起業に長けた音楽家の見本です。彼はニッチな領域を見つけだし、オーケストラを設立して聴衆を育て、多くの演奏仲間や作曲家のために、演奏や創作の需要を生み出しているのです。

　BMOP とは地理的にも正反対のアメリカ西海岸に、グスターボ・ドゥダメル Gustavo Dudamel という若い音楽家が登場しました。2009 年、ベネズエラの神童とも呼ばれたドゥダメルが、ロサンジェルス・フィルハーモニックの総監督に就任したのです。彼は若くして、アメリカの主要なオーケストラの総監督になった一人ですが、「エル・システマ」が生んだ最も偉大な人物です。

　エル・システマとは、ベネズエラではじめられた国家レベルでの教育システムです。貧しい子どもたちに音楽教育の機会を提供し、ユース・オーケストラへの参加を促したのです。エル・システマの創設者、ホセ・アントニオ・アブレウは、エル・システマはただただ音楽教育をしているのではなく、生活とコミュニティを改革する社会プログラムであると、語ったことがあります。そしてドゥダメルは、現在のホームタウンであるロサンジェルスで、エル・システマの使命を実現すべく、最も貧しい地域の子どもたちに、音楽レッスンをしたり、オーケストラを体験させたりしているのです。

　このような例は、芸術こそ人間の独創性の証であることを示しています。コミュニティを改善するために、音楽家たちは新しい作品を創造し、新しい楽器を創作し、新しいレーベルを立ち上げ、さまざまなソフトウェアやアプリを開発し、団体、学校、演奏会シリーズを設立し、そしてこの過程を通して、新しい聴衆を育み、コミュニティをよくしているからです。また文化団

体においては、彼らは提唱者やリーダーであり、地域や国の芸術の発展を支援しています。

・労働市場──供給と需要

　現代の音楽家に課せられた試練は、有意義な仕事をして、競争や変化の激しい市場にあって、生活できるだけの収入を得ることです。しかし今問題となっているのは、音大卒業生の多くが、オーケストラの団員や大学の教員といった伝統的な就職をいまだに求めていることにあります。

　アメリカには、どのくらいの音大生がいるのでしょうか？　「高等教育データベース」は、アメリカの多くの音楽大学の認証評価を行う「アメリカ音楽大学協会 NASM」に情報を提供しています。2007/8 年度の NASM 加盟の606 の機関からの報告によりますと、アメリカでは 11 万人以上の学生が大学レベル以上の音楽学校に登録していて、毎年 2 万人以上が音楽の学位を取得して卒業しています（NASM, 2009）。この数字からもわかるように、オーケストラの団員や大学の教員といった伝統的なポストの数をはるかに上回る数の学生が、音楽大学を卒業しているのです。

　学生たちが求めるオーケストラの仕事ですが、「国際オーケストラ・オペラ音楽家評議会 ICSOM」によれば、アメリカに 52 ある大規模オーケストラのメンバーの数は 4,200 人余りです。2003 年の調査では、ICSOM 加盟のオーケストラの空きポストは、ちょうど 159 でした。ポストのひとつに対する応募者の数は、一般的に 100 人から 200 人です。そしてアメリカの 5 つのトップクラスのオーケストラの初任給は 10 万ドル*5 以上ですが、ICSOM 加盟のオーケストラの初任給の最低は、同じく 2003 年の時点で57,000 ドルでした（ICSOM）。アメリカのほとんどのオーケストラの団員は正規雇用ではなく、時給で支払われています。本書でもスミルデ（第 7 章）とベネット（第 5 章）が、各国の同じような状況を報告しています。

　音大卒業生に人気の高い仕事が、大学レベルの教育機関の教員です。しかしほとんどの機関で常勤で採用されるには、博士に相当する学位と大学等での教職経験が必要です。ここでもまた、優秀な応募者であふれかえってい

す。ひとつの常勤ポストに100人を超える人が応募するのです。「音楽大学協会 College Music Society」に問い合わせたところ、全米の大学レベルの機関の常勤ポストの数は、2009年の時点で、およそ17,424だそうです。この数字が何を意味するのか、もう少し別の視点から考えてみましょう。

2008年にニューイングランド音楽院（NEC）のキャリアサービスセンターが、楽器ごとのポストの数を調査したことがあります。例えば、チェロとクラリネットですが、応募者数とポストの数の間に大きな開きがありました。例えば2008年ですと、チェロには13ポストの募集があり、クラリネットは11ポストでした。芸術高等教育データサービスによりますと、2008年だけで見ますと、博士課程で教鞭をとるチェロの教員は155人で、クラリネットは138人でした（NASM, 2009）。

音楽大学の教員の報酬は、大学の種類と教えるレベルの程度によって、さまざまです。トップレベルの音楽大学の、しかも「スーパースター」のような教員は、20万ドル以上をもらっています（おそらく学長の報酬より多いはずです）。これとは対照的に、通常の音楽大学の教員の初任給は3万ドルから6万ドルの間です。非常勤講師になりますと、個人レッスンとほぼ同程度の時給しかもらっていません。またクラス授業ですと、1学期あたり2,000ドルから3,000ドル程度です。博士の学位をもった人なら常勤のポストを狙うでしょうが、こうした音楽市場の状況や就職活動での競争を知らないままに、学生たちは博士課程に入学してくるのです。さらに不幸なことに、学部や大学院を問わず、学生たちはこうした職業世界に対して何の準備もせずに卒業していくのです。

アメリカの音楽業界の状況

今日では「伝統的な職業」により多くのチャンスがあるということは、いい知らせでしょう。アメリカの音楽業界にはさまざまな仕事があり、膨大な数の人が雇われ、収入を得ています。主な仕事はというと、演奏家、演奏団体、音楽出版やレコード会社、スタジオやラジオ関連の仕事、楽器製造業や

販売などです。こうした中心的な部分で働いている人は、おおよそ29万5千人です。さらに周辺領域で働いている人、例えば、学校の教員、録音再生、さらに音楽事務所やプロモーションで働く人が89万9千人もいます。

本書のすべての章に共通するテーマは、「音楽業界」と呼ばれる世界のさまざまな領域で多くの音楽家が活動し、その生活が多層的であるということです。「音楽業界」という言葉からは、なにかしら堅固に組織された世界というイメージが浮かんできますが、実際のところ、雑多で、流動的で、よくわからない生態系なのです。

全米の「職業調査」ならびに自営業者を対象にした「非雇用者統計」の2005年のデータによると、音楽業界の年間収入は主要部分で31億ドル、周辺部分では235億ドルでした。それぞれに技能や関心の違う個人の音楽家から見れば、この数字はとてつもなく多くの仕事があるように思えます。この音楽業界では実際に多くの音楽家が、彼ら自身の知識や訓練を資産として、演奏、レッスン、その他の活動を組み合わせて生計を立てているのです。

・クラシック音楽文化の変化と聴衆

今日の音楽業界はクラシックの音楽家もチャレンジできる場となっています。アメリカでは、ある世代の子どもが学校で音楽教育を受けていません。そしてここ数十年の間に移民としてアメリカにやってきた人たちも、西洋のクラシック音楽を学んだことがありませんし、関心すら持っていません。アメリカでは新聞の購読者が減少していますし、主要なメディアでクラシック音楽の話題が取り上げられることも、年々少なくなっています。クラシック専用のラジオ局などは少なくなるどころか、ほとんど見られなくなってしまいました。ファイル共有などの技術が登場したことで、老舗のレコード・レーベル、配給、プロモーションなどは大打撃を受け、レコード業界は凋落の一途をたどっています。

チケットの売り上げが減少し、寄付を得るのも難しくなり、オーケストラ団体は深刻な財政危機に見舞われ、いくつかの団体が解散しました。30年前にはリサイタルや室内楽のコンサートでは、クラシックのプログラムでい

っぱいでしたが、今ではコミュニティや聴衆の興味に合わせるために、随分と様変わりしました。例えば、ジャズ、ワールドミュージック、ダンスなどを取り入れて、とにかく人々の興味に合わせるのにも必死です。それでいて、クラシックの音楽家たちの出番はほとんどありません。総じて、アメリカでは芸術のようなハイカルチャーは顧みられず、ポップカルチャーが支配的になっています。こうしたことからも、クラシックの音楽業界そのものが転換期にあると言えるのではないでしょうか。

・**テクノロジーが仕事を変える**

　そうは言っても、音楽業界に明るい話題がないわけではありません。例えば、一般にクラシック音楽の聴衆は減少していますが、オペラへの関心は未だに高まりつつあります。「アメリカ芸術寄附協会 National Endowment for the Arts」によりますと、1982 年から 92 年までの 10 年間にオペラ観劇者数は 35％増加し、その後も増加傾向にあるといいます。このような増加の要因として、コンサートホールで字幕スーパーが使用できるようになったことが挙げられます。これはオペラに馴染みのない聴衆にとっては救いでした（Opera America, 2007）。テクノロジーが音楽の仕事を変えつつあります。音楽家はこれを使用することで、ジャンルの垣根を越えて、異なる伝統の音楽を融合し、さらに新しい方法でもって聴衆ともつながれるわけです。

　配給や配信のこれまでのやり方が廃れてしまい、クラシック音楽の多くがダウンロードされています。しかしレコード業界に大打撃を与えたのと同じテクノロジーが、単独で活動している演奏家や演奏団体の救いとなりました。音楽家たちは今や自分たちでファン層を築くことができ、自分のレーベルや配信システムを作り、ライブの演奏会やレコーディングのプロモーションもできるようになったのです。彼らは新しい演奏会の形式やファンとのつながりを模索しています。音楽家や芸術団体は、Facebook、YouTube、Twitter やその他の SNS を活用し、ファンと個人的な関係がもてるようになりました（本書の第 5 章と第 8 章を参照）。そして近年では聴衆は芸術を体験的に享受することを欲するようになっています。芸術の消費者があらゆるジャンルの音

楽をダウンロードし、検索し、試聴していることからも、このことはわかります。またテクノロジーを駆使して、音楽家とつながり、作品からコラージュ*6やマッシュアップ*7をしてヴィデオを製作し、ジャンルや分野を横断しているのです。

　こうした動きは今日の音楽家にとっては、どのようなシグナルとなるのでしょうか？　聴衆たちが選択できる範囲が大きく広がったことで、音楽家たちもいっそう冒険しなくてはならなくなったと言えるでしょう。自分のファン層を広げ、レコードを製作し、マーケティングをして、ニッチな領域を開拓しなくてはならないでしょう。つまるところ、音楽家は聴衆とつながる方法を新たに学ばなくてはならなくなったわけです。

・求められる高度なティーチング・アーティスト

　筆者は過去15年間に渡って、オーケストラ、オペラ団体、音楽祭、そして演奏会シリーズは、コミュニティに出向いて教育プログラムを実施してきました。プログラムの目的は、聴衆が音楽とより直接的に個人的につながることができるようにするためです。例えば、アメリカ（やその他の国）のオーケストラでは、演奏会の前後にプレ・トークやポスト・トークを挿入しています。さらにファミリーコンサートを実施し、双方向的ウェブサイトを開設したりして、すべての世代の聴衆を取り込もうとしています。またソリストや室内楽奏者が本格的な演奏会であっても、ステージから観客に自己紹介や曲の解説などをすることが当たり前となりました（本書の第4章を参照）。こうしたことが「ティーチング・アーティスト」と呼ばれる人たちの仕事の一部となっています。

　「ティーチング・アーティスト」という仕事は比較的新しい職業ですが、音楽家にとって重要な存在になりつつあります。『ティーチング・アーティスト：音楽の世界へ導く職業』（2009、翻訳は2016）の著書であるエリック・ブースは、ティーチング・アーティストとは「教育家としてのスキルと感覚をもって、聴衆が芸術によって芸術を体験的に学習できるように導く、プロの芸術家」であると、筆者に語ってくれたことがあります。「ティーチ

ング・アーティスト協会」のウェブサイトには、「ティーチング・アーティストとは、学校と地域に芸術という創造的プロセスをもたらす教育家である」(2010) と掲載されています。

ティーチング・アーティストは様々な場所で活動します。小学校や中学校、病院、刑務所、救護施設、コミュニティ・クラブ、老人ホーム、博物館などです。このように幅広く活動し、ティーチング・アーティストの活動収入が大部分という音楽家もたくさんいます。

国レベルの機関である「ヤング・オーディエンス Young Audiences」は、5,200 人のティーチング・アーティスト（音楽家、舞踏家、役者）と契約して、アメリカの 33 の州の学校で教育プログラムを実施しています。さらに、（州の税金によって設立された）州立の芸術財団では、公立学校とティーチング・アーティストとがパートナーシップを結べるよう、資金的な援助をしています。こうなると、音楽家自身が個人でティーチング・アーティストの仕事を設定して、コミュニティの機関と個人的に連携することができるのです。

仕事は魅力的で、実入りもいいので、熟練したティーチング・アーティストが今後ますます必要になってくるように思われます。多くのオペラ団体が、子どもオペラ見学や地域の教育プログラムを中心にして、ヤング・アーティスト・プログラムを実施しています。またオーケストラは、ティーチング・アーティストとして地域で活動する室内楽奏者に作品を委嘱しています。ニューヨーク・フィルハーモニック、フィラデルフィア・オーケストラ、そしてサンフランシスコ交響楽団では、ティーチング・アーティストが外部から登用され、オーケストラのメンバーと共同して活動しています。

ティーチング・アーティストの仕事はステージから短い言葉で作品をただ紹介するということ以上に、幅広くて創造的です。以下に紹介するのは、ある室内楽のプロの演奏団体が、ニューヨークの公立学校を拠点として活動をして、地域との密接な関係を構築することに成功した、なんともすばらしい例です。

「フォー・ネイションズ・アンサンブル Four Nations Ensemble」——ピアノ、ヴァイオリン、フルート、チェロを中心とした古楽アンサンブル・グループ

——は、ニューヨークのブロンクスとブルックリンにある公立学校で、長年レジデンシー活動を行っています。メンバーのひとりであるピアニストのアンドリュー・アッペルが、『アメリカ室内楽協会』の1995年の総会で、レジデンシー・プロジェクトについての報告したことがあります。以下に、発表の一部を紹介しておきましょう。

　私たちはとにかく生徒たちのスキルと創造力を必要とします。そのために、コミュニティから見ればよそ者で何もわからない私たち音楽家を助けてくれるよう、彼ら自身を巻き込むのです。まず、8年生と9年生のグループに、私たちの団体のマーケティング調査をしてもらうように頼みます（これに参加してくれた生徒には簡単なビジネスの手ほどきをして、学校の売店に行ってもらいます）。フォー・ネイションズ・アンサンブのメンバーは、生徒たちや、その家族や友人たちについてはあまりよく知りませんし、そのような人たちが演奏に関心を示してくれるものか、半信半疑です。生徒たちの仕事は、私たちの音楽を知り、（学校での調査やインタビューによって）市場を理解し、クラシック音楽を誠実に宣伝して（「広告には真実を」）、市場に訴えることです。

　音楽を「称賛すべし」というわけではありません。音楽を観察し説明してもらうのです。最終学年では、フォー・ネイションズ・アンサンブルのコンサートを企画してもらいます。チケットは学校で販売します。コンサートホールの仕事は、学校の職員も手伝いますが、基本的に生徒たちがマネジメントします。

　私たちは一年を通じて定期的に会議をして、調査結果について議論します。このときばかりは言葉や文章、そして数字がものをいいます。このような仕事は演奏会を成功させるためにはとても重要です。大手の広告代理店の社員になったつもりで、ポスター、デザイン、キャッチコピーを検討します。私が多くのことを吹き込んでいると思われるかもしれません。しかしたいていの場合、彼らが何も

考えられなくなったときに、想像力を妨げているものを取り除いてあげるだけなのです。生徒たちは自分たちで決めて、自分たちで生み出さなくてはなりません。こうすることで、彼らは最終的な成果物に、自分自身の貢献の跡を見出すことができるのです。

　最近では、幼稚園児から第9学年までの、他の学年の生徒たちともいっしょに仕事をしています。1年あたり15〜20回程度、ミニコンサートを定期的に実施して、毎回必ず、いくつかの曲で生徒たちを参加させます。コンサートでは演奏だけでなく、気持ちをひとつにして、創造的な活動をします。大規模なコンサートではすべての曲が演奏されます。こうして生徒たちは自分の仕事が認められるという喜びを味わいます。これが私たちのコンサートの最大の売りです。

　このような仕事をするために必要なスキルを、音楽家たちはどのようにして学ぶのでしょうか？　ティーチング・アーティストは、ある特定の年代のさまざまなグループを対象にして、ただ聴くだけではない説得力のあるプログラムを考案し、計画して、実行しなくてはなりません。老人ホーム、保護施設、そして病院では、大人の聴衆に対して、双方向の適切なプログラムを作るために、先導的な役割もしなくてはなりません。しかし演奏の学位は持っている音楽家ですが、教育学の訓練を受けた人はほとんどいません。学生であれプロであれ、第一級のティーチング・アーティストになるためには、訓練、フィードバック、そして魅力的なモデルが必要なのです。

アメリカの音楽大学

　こうした状況にあって、今後キャリアを築いていく若い人たちには、アメリカの音楽大学の特徴を知っておいてもらうのもいいかもしれません。演奏が学べて、大学レベルの学位、資格、ディプロマを出している機関のうち、NASM に登録しているのは、全米で 600 以上あります。これらは音楽院、音楽大学、そして総合大学の音楽学部で、一般的には音楽の学士と修士の学

位を出しています。またこのうちのいくつかが、（PhD に相当する）芸術博士 Doctor of Musical Arts や、さまざまな資格や、研究ではなく演奏を重視したディプロマを出しているところもあります。

　アメリカの音楽大学にはおおよそ 4 つのタイプがあります。第 1 のタイプが私立の音楽院で、カーティス、最も新しいコルバーン、マンハッタン、最も旧いニューイングランドの 4 つがあります。第 2 のタイプは、私立大学の中にある音楽院で、ジョン・ポプキンス大学（ボルティモア）のピーバディー、ロチェスター大学（ニューヨーク）のイーストマン、ライス大学（テキサス、ヒューストン）のシュパードがあります。第 3 のタイプは、州立大学の中にある音楽学部で、インディアナ大学（ブルーミントン）のジェイコブス、ミシガン大学のミシガン音楽院（アナーバー）、ニューヨーク大学（ストーニー・ブルック）の音楽学部などがあります。そして第 4 のタイプが、演劇、ダンス、美術などの学位を出す芸術大学を構成する音楽学部で、カリフォルニア芸術大学（カルアーツ）、ノースカロライナ芸術大学、フィラデルフィア大学、ニューヨークのジュリアード（ダンス、演劇、音楽）などがあります。

　アメリカの音楽大学では多くの留学生が学んでいます。留学生たちは、個々の大学の名声や評判、そして著名な教員に学べることに引き付けられて、様々な国や地域からやっています。アメリカの音楽大学のこうした名声は、第 2 次世界大戦後、特に高まりました。ヨーロッパやロシアの音楽家たちが祖国から亡命し、この地に職を求めたからです。このような移民音楽家たちが、オーケストラ、オペラ劇場、レコードや映画のスタジオで働いたり、教えたりしたのです。また音楽で起業した人もいて、演奏団体を設立し、音楽祭を開催し、演奏会シリーズを生み出だし、若い人たちを育て、また聴衆をも育てたのです。

　世界中の学生が師事したいと思っている音楽家のいく人かは、アメリカの音楽大学で教えています。そのために、留学生が音大生全体の 30％以上も占めています。世界中の才能がアメリカの音楽文化を根底から支えていて、豊かにしています。アメリカ国内でコンサートツアーをする国際的な演奏家

第3章 | アメリカで学んだ音楽家たち | 55

が音楽の世界を活気あるものにし、創造性を高め、多くの音楽家たちと魅力
的な協働をしているのです。これはアメリカの聴衆やコミュニティだけでな
く、アメリカで学ぶ音大生にとっても、大いなる福音でしょう。

・**高額な学費**

　これはとても残念なことですが、アメリカの音楽大学の学費は高額です。
私立の音楽大学ですと、通常（生活費も含めますと）年間5万ドルを超えま
す。4年間の学士課程で20万ドルかかります。こうした学費を支払うため
に、学生や親たちはアルバイトをしたり教育ローンを組んだりして、家計を
やりくりしなくてはなりません。アメリカの学部生の平均的な負債は2万
ドルから3万ドルで、修士課程を卒業するときには、4万ドルから5万ドル
の借金を抱えると言います。さらに留学生がアメリカでお金を借りることは
ほとんど認められていませんので、奨学金と実家からの援助の必要性がさら
に高くなっています。

　アメリカの音楽大学の学費が高い理由は、他の多くの国のように、国立や
公立ではないからです。従って学費そのものは、前述した音楽大学のタイプ
によっても、大きく異なります。特に私立の学校が一般的に高額なのは、学
校の予算が学費、寄付、補助金に依存しているからです。州立の学校では学
費があまり高額でないのは、州の税収によって助成されているからです。

　またいくつかの音楽大学や州立大学は、学費を免除する奨学金制度を備え
ています。例えば、カーチス、イエール、コルバーンには全額免除の奨学金
制度があります。しかし多くの学生にとって音楽大学を選ぶ際の基準のうち、
最も重要なのは学費ではなく、誰がその大学で教えているかなのです。ひと
りの先生に師事するために、莫大な借金をしてもかまわないという人を、と
きに見かけたりもします。

　アメリカの音楽大学の学費の高さを、国の芸術経済という視点から見るの
もいいかもしれません。他の多くの国と違ってアメリカでは、連邦政府が芸
術や社会サービスを予算的に補助するということは、基本的にありません。
そのためにアメリカでは、芸術系の機関（オーケストラ、オペラ団体、音楽大

学など）は非営利法人になっています。非営利ということは、非課税であることを意味しています。社会に奉仕し社会をよりよくすることをミッションにする芸術、社会、宗教などの法人に対しては、納税の義務が課されていません。これら法人は（チケット販売や学費から得られる）収入を寄付として扱うことができ、自分たちの活動に必要な資金を調達しています。非営利団体は個人、企業、コミュニティ、公的機関からも資金を獲得しています。そして演奏団体がチケット収入だけでは全体の3分の1しかならないように、音楽大学は学費収入だけでは全体予算を賄えません。総じて芸術団体が活動や事業を継続していくためには、毎年必要な額の資金を調達しなくてはなりません。

・カリキュラム

　現代の音楽大学は、20年前に比べて、さまざまな学位プログラムやコースを提供しています。学位について見ても、演奏、教育、さらに多くの音楽大学で、ビジネス・産業、レコード録音技術、制作、音楽療法、芸術マネジメントなどの学位を授与しています。またクラシック、ジャズなど、演奏に関する授業をたくさん提供しています。またいくつかの大学は、カリキュラム外や他の学位プログラムとの共同で、特別な資格プログラムを開設してい

ます。このようなプログラムとしては、例えば、イーストマン*8の「芸術リーダーシップ・プログラム、マンハッタン*9の「オーケストラ・スタディ・プログラム」、ニューイングランドの「音楽と教育」集中プログラムなどがあります。こうしてカリキュラムや学位が大きく変容したのですが、学部における演奏教育を中心にしたカリキュラムの方は、100年前と、基本的に同じなままなのです。

　モデルとなっているのは、ヨーロッパのコンセルヴァトワールの、演奏、音楽理論、音楽史を3本柱にしたカリキュラムです。ご存じの通り、演奏プログラムの中心は、演奏法の修得です。個人レッスン、大小のアンサンブル、リハーサルや定期演奏会が、まず学生たちが集中的に取り組むべきことです。そして一般的に、学部の最初の2年間に、ソルフェージュや対位法などの音楽理論を共通に学びます。また音楽史も一般的には最初の2年間で学び、西洋音楽史が4つのセメスターに分割され、講義や鑑賞（「名曲当て」）が中心で、レポート課題が課せられています。残りのカリキュラムは選択科目の他、科学、数学、語学などの一般教養科目（リベラルアーツ）ですが、これらの科目は大学ごとによって大きく異なります。さらにアメリカの音楽大学は、学生たちの将来のキャリア形成には熱心なので、たいていは選択科目としてですが、民族音楽、即興、音楽テクノロジー、キャリア開発などのコースやプログラムが提供されています。ブースはこう語っています（2009, p.21）。

　　　音楽院や音楽大学での授業で磨く演奏のテクニックは、きわめて
　　　高度なレベルに達したと言っていいでしょう。しかし困ったことに、
　　　授業内容よりも、学生たち、音楽界、そして専門領域の変化の方が
　　　ずっと速いのです。その結果、学校で最優先にされているスキルと、
　　　音楽で稼いで生活するために必要とされるスキルとの間に、ズレが
　　　生じているのです。

　演奏スキル以外にも必要とされるスキルは、たくさんあります。以下に、

成功している音楽家たちに共通して見られるスキルや資質などを、整理して
みました。これらについて、学生たちと話し合うといいでしょう。詳しいこ
とはベネットが第5章でも説明しています。

- ・イニシアティブ
- ・レジリエンス（打たれ強さ）
- ・粘り強さ
- ・楽観的性格
- ・対人能力
- ・長所や短所を見分ける力

- ・問題の創造的解決力
- ・組織力
- ・計画力
- ・可能性と障壁を見分ける力
- ・建設的な批判力と受容力

　成功した音楽家がこのようなスキルや資質をすべて備えているわけではあ
りませんが、これらの多くを共有していることは確かです。ときには自分に
はない力を持っている他の人と協働することも、あるでしょう。つまり、成
功する音楽家というのは、自分の弱みを補う方法と、自分の強みを資本にす
る方法の双方を備えているのです。そして音楽家たちは自主企画のプロジェ
クトをやり遂げることで、こうした能力を修得するばかりか、伸ばすことも
できるというのですから、これは朗報以外の何ものでもありません。実際に、
たいていの音楽キャリアは、プロジェクトを重ねるごとに成長していくもの
です。

　今も大成功している「国際現代音楽アンサンブル International
Contemporary Ensemble」の創設者でフルーティストのクレア・チェイスは、
音楽起業家としての経験を、次のように要約しています。

　　　私のような若い世代の音楽家は、経済的な困難に直面しています
　　が、今までにない自由も経験しています。やりたいことは何でもで
　　きるのです。自分たちのコンサートをプロデュースしたり、自分の
　　アルバムをリリースしたり、自分たちのコミュニティやムーブメン
　　トを興したりできるのです。しかもそれを実現するのに、多くのお

金を必要としません。必要なのはアイデアと冒険心、そして仲間です（また図太い神経も必要です）。（Orchestra Musician Forum, 2008, x）

チェイスは、新しい潮流や可能性のすばらしい代弁者であります。もちろん、すべての音楽家が起業できるわけではありませんし、能力があるというわけでもありません。問題は、どうしたら音楽大学は学生たちを将来仕事に就けるようにしてあげられるのか、どのようなカリキュラムを編成すれば、効果的なのかということなのです。

・キャリア支援プログラム

アメリカの音楽大学はこれまでも、音楽界の変化にもさまざまに対応してきました。それは一部には、よりきめの細かいキャリア支援を求める学生や保護者からの要望に応える形で行われてきました。しかし学部の演奏家養成のカリキュラムはがんじがらめで、キャリア関連のコースワークは一般的に、選択科目だったり、任意の資格だったりで、せいぜい先進的な音楽学部が他コースの一部として開設している程度です。アメリカの音楽大学の学部レベルでは、以下のようなキャリア支援を実施しています。

- ・音楽キャリア開発コース（選択）
- ・キャリア・ワークショップあるいはキャリア・セミナー
- ・キャリア相談
- ・卒業生のネットワークあるいはメンタリング
- ・音楽 ICT セミナー
- ・起業プロジェクト支援（メンタリングと着手金）
- ・教育支援コースと先輩教師からの助言
- ・コミュニティや聴衆を巻き込んだプロジェクト
- ・コミュニティ支援活動
- ・インターンシップ

アメリカでは多くの音楽大学が、キャリア支援のためのワークショップ、セミナー、支援プログラムを実施しています。さらにキャリア支援担当の教員や職員を採用したりもしています。キャリア支援プログラムは学生たちに職業選択を手助けしたり、支援内容を紹介したりしています。内容的には、目標設定や職業検索から、セルフプロモーション、助成金申請書の書き方、コミュニティでの演奏会企画まで、さまざまです。しかし音大生というのは在学中からずっと、ガイダンス、フィードバックそしてロールモデルを求めているものです。何気ない普段の会話、マスタークラス、そしてリハーサルなど、教員や職員が学生を支援できる場面は、通常のキャリア支援ほどではありませんが、数えきれないほどあります。音大生が必要とするキャリア支援は、彼らたちの背中を押して、次のようなことができるようにしてあげることなのです。

・音楽界全体を見わたして、可能性を探索する
・キャリアの目標を明確し、何がしたいのかを明らかにする
・自分の強みと弱みを知る
・キャリア目標に向かって前進できるように、計画を立てて実行する

おわりに

才能があり経験豊かな音楽家はたくさんいますが、それに対して、安定した演奏や教授を保証する伝統的な音楽ポストの数の方は、あまりに少ないと言えるでしょう。必然的に音楽家たちは、演奏以外のスキルをたくさん身に付けなくてはなりません。聴衆や文化はどんどん変化しています。音楽家たちは聴衆との対話をはかるために、双方的な演奏会を企画する必要にも迫られています。さらに新しいビジネスを起業する能力を養い、自らで機会を創出し、キャリアを構築していかなくてはならないでしょう。

第3章｜アメリカで学んだ音楽家たち｜61

若い音楽家へのアドヴァイス（「してはいけないこと」と「すべきこと」）

「してはいけないこと」

・先生や大学が提供する機会だけに頼りすぎる。

・希望のすべてを、コンクールで優勝すること、事務所を見つけること、オーケストラの正規団員になること、大学の教員になることにだけ託す。音楽で成功する方法は、ほかにもたくさんあります。

・ひとりの教師や相談者の意見だけに頼りすぎる。そうではなく、幅広く意見を聞く。

・伝統的でスタンダードのレパートリーだけを演奏する。

・成功というのは、練習時間量だけによって決まると思う。

「すべきこと」

・さまざまな機会を探る。オーディションを受け、講習プログラム、音楽祭、助成金や奨学金などに応募する。

・仕事や将来のことについて、具体的に相談できる人を見つける。

・人生のビジネス的側面を学ぶために、芸術団体などでインターンシップを経験する。

・ティーチング・アーティストとしてのスキルを学び、聴衆やコミュニティと関わるプロジェクトに参加する。

・テクノロジーが自分の人生にどのように役立つかを考える。ウェブサイトを立ち上げ、自分のプロフィールを公開し、そのほかのSNSを活用する。

・プロジェクトを見つけ、参加してみる。

参考文献（現在では参照できないサイト情報は割愛してあります）

Beeching, A. (2010). *Beyond talent: Creating a successful career in music.* 2nd ed., New York: Oxford University Press. ── A. ビーチング『BEYOND TALENT（ビヨンド タレント）日本語版：音楽家を成功に導く 12 章』箕口一美訳（水曜社、2008 年）

Booth, E. (2009). *The music teaching artist's bible: Becoming a virtuoso educator.* New York: Oxford University Press. ── E. ブース『ティーチング・アーティスト：音楽の世界に導く職業』久保田慶一編訳、大島路子、大類朋美訳（水曜社、2016 年）

National Association of Music (NASM). (2009). *Higher education data service* report（Data Summaries, 2008-2009）.

訳注

＊1　ニューイングランド音楽院は、アメリカのマサチューセッツ州ボストンにある音楽院。1867 年設立。

＊2　メトロポリタン・オペラは、ニューヨーク市のリンカーセンター内にある、アメリカを代表する歌劇場。1883 年に設立。リンカーセンター内にある現在の建物は 1966 年に設立されている。

＊3　スカラ座はイタリアのミラノにある歌劇場。1778 年設立。

＊4　CBGB は、Country, Blue Grass, and Blues の略で、ニューヨーク市のマンハッタンにあった、パンクを中心としたクラブハウス。1973 年に開業し、2006 年に閉業した。

＊5　当時は 1 ドルは約 110 円であった。

＊6　コラージュとは、現代絵画技法のひとつで、キャンバスに絵具を塗るという通常の方法ではなく、紙や金属などの様々な素材を組み合わせて画面を構成する方法。

＊7　マッシュアップとは、既存の楽曲の要素を抽出して、それらを組み合わせて新しい楽曲を作る方法のこと。

＊8　イーストマン音楽院は、アメリカのニューヨーク州にあるロチェスター大学に属する音楽学校。1921 年、カメラ・フィルム業で知られるコダックの創業者である、ジョージ・イーストマンが設立した。

＊9　マンハッタン音楽院は、アメリカのニューヨーク州ニューヨークにある音楽院。1917 年設立。

リーマンショック後の状況

近年のグローバル経済の変化に伴って、アメリカを拠点に活動する音楽家にとって、今日ほど、起業について考えることの必要性が高まった時代はないでしょう。それと言いますのも、音楽の分野だけでなく、あらゆる分野において、労働環境が大きく変化したからです。健康保険と退職後の生活を保障してくれた正規雇用は、過去のものとなってしまい、もはや存在しなくなってしまいました。

とどのつまり、音楽家を含めた、ほとんどすべての労働者が、個人事業主のフリーランサーか、さまざまな、ひとつあるいは複数のパート労働、俗にいう「サイドジョブ」で生活する人の、いずれかになってしまったのです。マッキンゼーの 2016 年の報告書によれば、アメリカとヨーロッパの全労働人口の 20 ～ 30 ％、ざっと 1 億 6200 万人が、雇用されない、なんらかの形で独立した仕事で生活しているそうです。私たちの多くが「ギグ・エコノミー gig economy」〔訳注：インターネットを通じて仕事を単発で受注して生活すること〕で生活しているのです（James Manyika et al., 2016）。

通常の音楽家ですと、収入源としては 3 ～ 5 つぐらいをもっていて、音楽や音楽以外の、さまざまな企画や短期の契約の仕事をしています。救いなのは、ほとんどの音楽家は多様な才能をもっていて、さまざまなスキルを組み合わせることができるので、いろんな所で重宝されています。

このようなフリーランスとしての仕事を持続させていくためには、音楽家は自らのキャリアに責任をもたなくてはなりません。そのために必要とされるスキルは、コミュニケーション力、セルフ・プロモーション力、タイム・マネジメント力、企画力です。そして才能、やる気、打たれ強さ（レジリエンス）も必要ですね。

しかし今日の音楽家にとってもっと必要なことは、いろんなことを同時に考える力です。バックボーンとして起業家的な思考ができなくてはなりません。そして他の人が出来そうにないと思っていることをチャンスと考えて、

問題を解決する方法を探すにしても、自分自身のエゴを通すのではなく、他の人のニーズに目を配ることです。そして最後に、自分が安住している場所から出て、周りの人をリードするという、やる気と勇気をもつことも大切です。私たちは、自分が思っている以上の能力をもっているものです。

　どんな仕事にありつけるかを考えるのではなく、もっとよい問いかけを自分自身にしてみてはどうでしょうか。3つあります。

・自分の周りには、自分が解決に貢献できそうなニーズや課題があるだろうか？
・自分はどうすれば、有意義な貢献ができるだろうか？
・自分が中心になって働きたいと思っているだろうか？

　このように思考しさえすれば、有償で有意義な仕事、副業、企画がたくさん生み出されます。このように考えることで、人の役にたち、影響力を及ぼし、いい仕事をすれば、必ずお金はついてくるものです。

　急速に変化するグローバル市場にあるのは、私たちがコントロールできない要素ばかりです。私たちが経済をコントロールできないのは当然です。私たちを雇ってくれそうな人やどんな仕事にありつけるのかも、私たちにはわからないからです。しかし自分たちが参加して、誰といっしょにするのかを決められる企画なら、コントロールできますし、自分自身に対する問いかけだって、自分で決められるでしょう。

参考文献

James Manyika et al., Independent Work: Choice, Necessity, and the Gig Economy, McKinsey Global Institute report, 2016, accessed May 4, 2018, http://www.mckinsey.com/global-themes/employment-and-growth/independent-work-choice-necessity-and-the-gig-economy.

第4章 決められた道筋、それとも紆余曲折*1
プロの音楽家への道

ジャニス・ウェラー

指揮者の本領は音楽の変わり目に発揮される（グスタフ・マーラー）

オーケストラを指揮するにしても、人生のかじ取りをするにしても、移り変わる時期（移行）は、大いなるチャレンジであり、実り豊かな成果をもたらすチャンスでもあります。人生の移行期をきちんと見定めてうまく対処できるようになるには、可能性を最大限に伸ばしつつ、人生街道のでこぼこを平らにできるスキルと戦略を持つことが求められます。音楽大学の中には、学生たちが音楽家になって巣立っていくための道筋を入念に考えて準備してくれるという、すばらしい大学もありますが、多くの音大卒業生は、卒業後の進路を決めるというワクワクとしたこの時期を、まるで「耳だけを頼りに演奏するかのような」手探りの状態で過ごし、ただただうまくいくようにと願っているだけなのです。

この章の前半では、若い音楽家の移行期の課題をいくつか紹介して、在学中にこれらの課題に対処しておくためのアイデアを提供したいと思います。めまぐるしく変化している音楽の仕事がどういうものであるのか、そしてそれが21世紀における（本書を通じて明らかにされる）文化の変化とどのように関係しているのかを、まず見ることが大切です。ここではこうした問題を、ライフ・ステージ*2 そのものの変化、すわなち「大人になる」ことの意味

が21世紀の社会においてますます曖昧になっているという状況との関連で、考えてみたいと思います。

　バーランド＆デヴィットソンのふたり（2002, p.123）は、大学を卒業してから実社会に出るという、従来の意味で大人になるという移行が、人生に起こりうる様々な変化の中で、最も重要であると考えています。最近ではこの時期を「初期成人期」*3 と呼んだりします。青年期と成人期という、これまで考えられてきたふたつの時期の間にあるのがこの「初期成人期」で、大学生期、すなわち実社会への移行期にちょうど相当するわけです。この章では、志を高くする若者たちが、この「重要かつ緊張した」変化の時期をどう乗り切ればよいのか、その道筋だけは示しておきたいと思います。

　この章の後半では、学生たちのキャリアと職業への移行の見方や支援を、現代の音楽大学における教育や生活に組み入れていくための実践的な方法をいくつか提案します。キャリア支援のコースを開設し、キャリアセンターの多様化を図り、起業のための機関を設置している音楽大学も増えてはいるのですが（本書の第3章を参照してください）、アメリカの多くの音楽大学は相も変わらず、とにかく伝統的なカリキュラム、価値観、そして期待をもって、若い音楽家たちを教育し続けています（Culter, 2009）。昔ながらの伝統を変えたり修正したりというチャレンジを試みると、財政、カリキュラム、学内政治、個人や組織といった問題がついてくるからでしょう。しかしきわめて伝統的な環境にありながらも、学生たちのキャリア課題を支援するということに関心をもつ指導者もそれなりにはいて、相談にのったり、次のステップのきっかけを提供したりしています。特にカリキュラムと予算の関係で、キャリアや職業に特化した半期や通年のコースなどが開設できないときなどには、卒業間近の学生に対して、あえてキャリアだけを考えさせたり、スキルだけを修得させたりするなどの方策を考えてみる必要もあるでしょう。

　　移行とは、人が新しい状況を迎える時期に進むときの心理的なプロ
　　セスである。環境の変化は外在的だが、移行は内在的な変化である。
　　（Bridge, pp.3-4）

第4章　決められた道筋、それとも紆余曲折　67

　人は人生において長かったり、短かったりという移行期を多く経験します
が、大学の卒業ほど個人に強くまた深い影響の与えるものはないでしょう。
卒業を控え、ワクワクして心待ちにしている反面、ひょっとして卒業できな
いかもしれないという不安に襲われたりします。しかしいずれにせよ、ほと
んどの学生にとって、卒業は心おどる出来事であり、また避けられないこと
であります。学生であるという時期を終えると、ほとんどの人がいわゆる
「実社会」に出て、社会人あるいは職業人となり、しばしば何の導きもない
ままに、ただただ立派にやっていくことだけが期待されるのです。

　大人になるということは、これまでは何らかの職業に就いて働くことでし
た。卒業が近くなった今日の音大生も、例外なくこうした期待をもちます。
しかし現実には、演奏だけの実入りのいい仕事はきわめて少ないでしょう。
すべてではないにしても多くの音楽家が、自分ひとりでやっていくことを当
たり前と考えているのも、こうした期待と現実のふたつの側面を映し出して
いるのかもしれません。そして第3章でビーチングが指摘するように、最
近の芳しくない経済状況が、この状況をますます悪くしているのです。オー
ケストラやオペラ団体のような既存の組織でも、今は財政的に厳しく、オー
ディションで募集されるポストも、一層少なくなっています。

　もちろんどんな分野の新卒であっても、生計が立てられる仕事をすぐに見
つけるのは不可能です。「2009年のアメリカの大学卒業生のうち、80％が卒
業後に親元に戻っていますが、2008年は77％、2007年は73％、2006年は
67％でした」(collegegrad.com, 2009)。これら数字は全体の割合として少々不
気味な数字で、一般的な大学生の自立へ向かう過程に何か重大な変化が起こ
っていることを暗示しています。

　しかしながら音大卒業生が、音楽技能だけでなく音楽以外にしっかりとし
た、それなりのスキルをもっているとしたら、それは仕事を見つけるうえで、
ちょっとした強みです。第1章でも説明があったように、音楽家がポート
フォリオ・ワークという形で働くという現実は、現代の若い音楽家のモデル
だけでなく、歴史を通して、そして多くの文化圏で広く見られる音楽家の姿
です。もっともこれまでは、若い音楽家が何か新しいビジネスを立ち上げる

ことは、必ずしもいいことだとは思われていませんでした。しかし今日では、若者が活躍して成功することが期待されるという新しい経済環境となり、新規のビジネスの立ち上げが、大いなる成功の芽になると思われるようになったのです。

「大人になる」をもう一度考えてみる

「大人」あるいは「大人になる」という言葉や考え方が普及したのは比較的最近のことで、19世紀後半以降です（Gillis, 2008; Hunter, 2009）。また西洋社会では、人の人生は、ある段階から次の段階へ、つまり幼児期から児童期、青年期、成人期そして老年期へと、連続的に発展するものと一般的に考えられています。そして人は必ずある段階から次の段階に進みます。それはいつもスムーズに、またはっきりというわけではありませんが、一般的には直線的に進むと考えられています。

このような考え方は、19世紀後半から20世紀前半にかけて発達した心理学、例えばエリク・エリクソン[*4]、ジークムント・フロイト[*5]、カール・ユング[*6]などの心理学的理論によって形成された、現代的な考え方です。そして20世紀の多くの人にも実にうまくあてはまり有効だったのですが、個人、社会、そして職業生活の面で大きく変化した21世紀にあっては、このようなきれいな区分だけでは、人生の移り変わりをうまく説明できなくなってしまったのです。音楽家だけでなく、創造的な仕事をしている人たちにとっても、このような区分はもはや役に立たなくなってしまいました。

「大人になる」ことを考えるにあたって、昔の人たちの人生を簡単に見てみることも、有益かと思います。人類の歴史を見ると（特に西洋では）、人の人生はその人の年齢ではなく、社会で占める位置によって測られてきたことがわかります。つまり、（誕生から水平に流れる時間軸に沿って計られる）年齢というものは、産業革命以前にはあまり重要ではなかったのです。逆に、（垂直的に測られる）社会的位置や何らかの仕事をうまく遂行できる能力を身につけることで、その人は役割を安心して担うことができると考えられたの

です（Gillis, 2008）。

　例えば、ある人が兵士という仕事をうまくできれば、その人が20歳であろうと、40歳であろうと、何ら問題はなかったわけです。同じようにハンターによれば、中世のキリスト教社会では、理屈が理解できて読み書きができて大人と見なされる年齢は、なんとわずか7歳だったといいます（Hunter, 2009, p.2）。つまり、善悪の判断ができればよかったわけです。

　中世から現代までには、フランス革命、アメリカ独立戦争、さらに18世紀後半からの産業革命があったわけですが、この間の死亡率、特に幼児の死亡率は高く、人の命は短く、はかないものでした。学校教育を受けても、経済的に裕福になれるわけではありませんでしたので、教育を受ける人はごくわずかな人だけに限られていたのです。

　何歳であるかより、どのような職業に就いているのかが、その人の社会的地位にとって重要であったわけです。ですから、生計をしっかりと立てることが、すべての人に期待されたのです。しかし産業化とその結果誕生した賃金経済によって、「社会の年齢化」（Gillis, 2008）という劇的な変化が起きました。人々が時間軸に沿って、発展的にものごとを考えるようになったのです。出生率が上がり、死亡率が下がると、家族と仕事が大切となる時期を中心にして、人生は直線的に進行すると思われたのです。義務教育も行われるようになり、発展の諸段階の切れ目を明確にするための儀式も行われるようになります。そして最後に、人が成熟した状態、つまり大人の段階に向かう移行期も生じたわけです。

　　　大人になるということに対する社会のコンセンサスがなくなると、
　　　大人なるということの意味も曖昧になる。（Hunter, 2009, p.9）

　このようなことが、21世紀に生きる音大生がプロの音楽家になることと、どのような関係があるのでしょうか？　特に第2次世界大戦後に「復員軍人援護法」*7 が制定されたことで、アメリカには時間軸に沿って進む社会が誕生し、学校教育にはじまり、インターンシップを経験して就職するという、

まるで成長の階段を昇るかのようなキャリアを、皆が歩むようになりました。さらに21世紀の最初の10年くらいまでに、多くの職業において伝統的なキャリアパスの分断が起こります。不安定なグローバル経済、漂流する労働者、多くの分野で生じたグローバルな相互連携という諸要素が、労働界のこれまでの文化的あるいは社会的な構造を破壊してしまったのです。

　こうした新しい労働モデルが広く一般化して、今も広がりを見せるなかで、音楽家たちはと言えば、いつも直線的というわけではなく、年齢、文化、国籍などに縛られないキャリアを歩みはじめ、また歩み続けています。音大生は大学では正規の実技レッスンを受けています。また近代以前の時代と不思議にもよく似て、音楽大学では学生たちの年齢や教育レベルとは関係なく、演奏のできる人にいつも注意が払われ、称賛されています。モーツァルトであろうと、マイケル・ジャクソンであろうと、はたまた最近のヴァイオリンの幼い神童であろうと、音楽では才能とステージ上のカリスマ性が高く評価されるわけです。

　ピアニストのアルフレッド・ブレンデル[8]は長い音楽家人生の最後となる76歳になっても、すばらしいコンサートツアーを成功させました。伝説的なギタリストのレス・ポール[9]は94歳で亡くなるまで、ニューヨークのジャズクラブで毎週、コンサートを開いていたことでも有名です。多くの音楽家のキャリアの変化や発達は、銀行員、医師、弁護士のような伝統的なキャリアと同じようには、時間の経過や発達段階に必ずしも制約されているわけではないのです。

　「成人形成期」は、アーネット（2000）によって提唱された言葉です。おおよそ18歳から20歳代後半までの若者の発達段階に相当します。青年期の若者は共通して、ほとんどが親と同居して、大学に通学しているという特徴をもっています。これまでは、青年期の後に初期成人期が続き、この時期にはフルタイムの仕事をして、結婚をして、家を買い、家庭をもつというような、いわゆる大人としての責任を修得する時期と解釈されてきました（Arnett, 2004）。アーネットはさまざまな社会や文化のグループに属するアメリカの若者を幅広く調査した結果、これまで青年期から直接成人期に向かう

第4章 | 決められた道筋、それとも紆余曲折 | 71

と考えられてきた時期に、この成人形成期という現象が広く存在していることを指摘したわけです。

> 児童期や青年期という依存の段階を脱してはいるが、大人が備えておくべきしっかりとした責任感は、まだ持ち合わせていない若者が、恋愛、仕事、ものの考え方において、さまざまな生き方の可能性を模索している。（Arnett, 2000, p.469）

アーネットが主張しているように、成人形成期は大人への単なる移行期ではなく、不安定ながらも、明らかにアイデンティティの探索期です。自分だけのことを考えて大いに揺れるのですが、希望や期待に満ちあふれた時期でもあるのです。成人形成期は、不安に満ちた移行期（Robbins & Wilner, 2001）ではないのです。むしろ、自己を探索したり、まだ経験したりしたことのない、ワクワクするような世界へと向かうチャンスが与えられた時期なのです。

教育家とキャリア相談のための実践的指南

　　私たちの音楽大学のカリキュラムには、必要なプログラムやコースがすでにもう十分にあります。キャリア支援のための時間を、これ以上追加できるでしょうか？　私たちの仕事は、学生たちが自立していけるよう、その音楽面での準備だけをしてあげればいいのではないでしょうか？　才能があってやる気のある学生なら、きっとうまくやっていけるのではないでしょうか？　（ある音楽大学教員のコメント）

　いくつかの音楽大学は学生たちのために、キャリア教育や支援の取り組みをすでに実施していますが、こうした音楽大学はまだ少数派です。カトラーが言うように、キャリア支援を全面に出している音楽大学では、実技がただうまいだけではこの 21 世紀には生きていけないという考えから、「実際に仕事のできる演奏家を養成していること」を強調します（Cutler, 2009, n.p）。これからの音楽大学は、音楽の芸術性や職人性だけでなく、ビジネス性を追求していくことを明示していく必要があるからです。

　音楽大学の伝統的なカリキュラムというのは、そう簡単には変えられませんし、そのうちの多くは変えるべきではありません。しかしいざ変えるとなると、議論は白熱し、目的や成果も議論されるでしょう。また実際に予算や単位数はどうすればよいのかも考えられるでしょう。それでも結局のところ大切なのは、音楽の教員たちとキャリア教育の重要性を主張する職員がいっしょになって、時間や予算のことをあまり心配せずに、どうしたら学生たちを職にありつけるようにしてあげられるかなのです。以下の節では、このような点で効果的と思われる方策を、私の経験から紹介したいと思います。

・プロ意識
　学生たちのキャリアや目的がどのようなものであろうと、彼ら・彼女たち

がこれからの人生をうまくやっていくために役に立つ、万国共通の特性はよく知られていますし、それらをモデルにして教育や実践をしていくことの大切さもよく認識されています。特に、自己責任や説明責任を負うという、基本的なプロ意識を一人ひとりが持つことが望まれています。音楽を専攻したことで、（公開演奏をするなど）当然やるべきことや挑戦すべきことが生じていきますが、それを最後までやり抜くことで、学生たちの職業倫理（例えば、日々欠かさない個人練習）もしっかりしてきますし、さらにいっそう精進したいという気持ちも強くなるのです。しかし音楽スキルの向上が将来の仕事へとつながっていくことが必ずしも自明なことではないのにもかかわらず、教員たちは学生に対して、この音楽スキルの向上と将来の仕事をつなげることばかりを要求してしまうのです。

　音大生も若いうちから、人とのコミュニケーションや共同作業をはじめると、たくさんのことが経験できます。結局のところ音楽というのは、きわめて親密なチームプレイなのです。しかし音大生というのは、教師や相談者から特別に何かを言われないと、仕事をはじめたときに役立つ、またはじめの頃の仕事をうまく進めていくための支援を受けようとはしないのです。

　正規の音楽教育で育成される高度なスキルや習慣は、確かにしばしば大人になってもとても役に立つ一般的なものです。しかし早い段階から将来の職業に求められる行動を身に付けておくことも、やはり長い人生においては、成功するために必要なのです。つまり、音大を卒業するまでには修得しておくべきことなのです。そして実際に、こうしたことがいつの時代にも役にたち、音楽面だけでなく仕事面においても、成功するために必要であることを、学生たちには理解してほしいものです。

　『インサイド・ハイアー・エドゥ Inside Higher Ed』のオンライン・ジャーナル（Moltz, 2009 年 10 月 23 日）に掲載された「プロフェッショナル・エクセレンス・センター The Center for Professional Excellence」による研究には、職場の専門家やリーダーたちに行った、プロ意識に関するインタビューの結果が報告されています。プロに求められる資質としては、以下の 3 つが挙げられていました。

・決定や行動に対する責任感をもっていること

・自律的に行動できること

・目標に対して明確な方向感をもっていること

　研究は、こうした資質を学生たちが培えるようにすることの必要性を強調しています。起業を好む音楽家たちの日々の生活においては、これら3つが、成功と持続的キャリアを獲得するための必需品となります。しかし教員が細かく指示して、期日や序列を決めている、いわば枠組みの決められた学習環境に慣れてしまっているような「成人形成期」の学生たちには、これら3つは自明のことではないのかもしれません。

　以下では、大学のカリキュラムを変更することなく、これら3つの面での成長を促す実践的な方策について、考えてみたいと思います。

・コミュニケーション力をつける

　音大生はしばしば、演奏面での優秀さを一心に求めます。このことは演奏家としての潜在的能力を高めるうえでは重要なのですが、次のオーディションの合格に直接につながらない学習や行動については、学生たちはその価値をついつい過小に評価してしまいます。しかしベネットが第5章で指摘するように、声や文章によって「うまくコミュニケーションできる能力と自信」が、演奏の場であっても、教える場であっても、そしてフリーランスで活動する場でもあっても、音楽家には必要なのです。思考と文章が明晰で、話し方が理路整然としていることが、生涯を通して多くの果実をもたらすのです。音大生に高度なコミュニケーション力をつけてもらうための方策を、いくつか提案しておきたいと思います。

・演奏家の個々の事例や実際の話、関連する課題でもって、コミュニケーションスキルの重要性をより深く理解させる

・自分のリサイタル用に、プロフィールとプロラグムノートを書く

・仕事上の丁寧な電子メールでのやりとりを想定してみる（絵文字、ぶしつけな表現、稚拙な文章は禁止）

・教室や演奏会場で口頭発表する。コンサート会場ではたいてい、くつろいだ感じの話が期待されています。演奏の合間に演奏者から一言二言の話が聴けることを聴衆は楽しみにしています。特に、しゃれた、ユーモアのある、しっかりとした話であれば、申し分ないでしょう。

・電話、電子メール、その他手段は何でもいいので、すぐに返事をするようにする。人がたくさんいてしのぎを削っているような場合には、とにかく素早い返答が好感をもたれます。

・インターネットなどの新しいメディアを使って、広くコミュニケーションするようにする。これには新しいメディアを使いこなせるというだけでは不十分で、普段からの心構えが必要です。

・さまざまな人たちのための演奏会

　演奏のスキルを高めるほかに、学生には自分のリサイタルぐらいはプロデュースできるようになってもらいたいものです。日程を決め、プロモーションに必要な準備し、プログラムを組み、そしてお客さんへの応対などを考えてください。ひとりで演奏会を企画して実行する際に遭遇する、すべての経験や責任に対応できるスキルを、学生たちには学んでほしいものです。音楽上と運営上の双方の準備と計画のバランスをとるという、難しい課題の解決を学んでいることが、運よくマネジメント能力をもっているにしても、これからの日々の仕事の上でも必要なのです。さらに、地域での、特に学校、高齢者施設、病院、ホスピス、リハビリテーション・センターなど、音楽を聴く機会に恵まれない人たちを対象にした「サービス・ラーニング」[*10]的な演奏でも、演奏者としてしっかりした演奏を提供するだけでなく、個人やコミュニティの生活において音楽が持っている力を、活用できるようになっていなくてはなりません。

・教えること

　教えることに関心のある学生には、在学中から、自分の勉強のためにも、個人レッスンをさせてみてもいいでしょう。理想的には、教育学を多少なりとも勉強しておくことが望まれます。個人で経営する音楽教室の教育面やビジネス面での可能性や課題について、学生の方から大学の教職員と話をしてみる機会をつくってもいいでしょう。また、個人レッスンをしたらしたなりに、人の輪も広がっていくでしょう。

・ネットワーク作りと社会参加

　本書では全体を通して、ネットワーク作りと社会参加が重要なテーマになっています。仕事上だけでなく日常生活において、人と強い絆をもつことが、キャリアを成功させるための主たる課題だからです（例えば、第8章を参照）。ネットワーク作りは特別なスキルを必要としますが、なにがしかのリスクを冒してでも、見知らぬ人や状況を経験することを学生たちに促す方法も、たくさんあります。例えば、次のようなことができると思います。

- ・昼夜を問わず練習して疲れ果てるのではなく、大学のさまざまな行事に積極的に参加する。
- ・学内や学外でコンサートに参加して、ボランティアでバックステージや受付などを手伝う。
- ・学内や学外での教員の生活をよく理解するために、教員と同じように行動してみる。
- ・プロの団体に参加するのも、コンタクトを得る最良の方法です。
- ・これまで話したことのない教職員と会って、コミュニケーション力を高める練習をしたり、将来の仕事につなげる努力をする。キャンパスを散歩したり、いっしょにコーヒーを飲んだりするだけなら、学生たちができる最も簡単な方法なので、卒業する前に、授業やレッスン以外の場で、教職員とつながる。

第4章 決められた道筋、それとも紆余曲折 77

・こうして一度できたつながりを維持する仕組みを作る。携帯電話の電話
帳だけでなく、住所などの情報を大切に保存しておく。ある人は手書き
の住所録のような、旧来のやり方を好むかもしれません。どのようなや
り方をするにせよ、手元においていつも更新することが重要です。

さらに教員やゲスト・ティーチャーなら、自分自身の経験を学生たちに話
してやることで、実技面だけでなく、プロの音楽家としてどう生きるのかの
モデルを示すことができるでしょう。

・インターネットとソーシャル・ネットワーキング

対人関係に加えて、大学は学生たちにネットワークを仕事に活用するよう
に促してもいいでしょう。いろんな方法（MySpace, Facebook, Twitterなど。第
3章と第8章を参照）があり、今もそれは急速に変化し、発展しています。
「あなたは誰を知っているのか、誰があなたを知っているのか」ということ
を考えることがいっそう重要となり、それはインターネット上でも例外では
ありません。大学生はしばしばサイトでもって互いにつながります。しかし
演奏を専門にする学生がこうしたサイトを仕事に使用することに、大学はし
ばしば抵抗してきました。SNSも慎重に管理しないと、それへの対応に膨
大な時間を浪費してしまうのは間違いないからです。しかし、仲間、聴衆、
サポーターたちとのネットワークをつくる機会を、これまで以上に提供して
くれるのもまた確かなのです。高齢者のための演奏会をFacebookに投稿し
たり、映像版電子プロフィールキット（EPK）を開発したりといったことが、
21世紀の音楽家にはとても大切になるでしょう。

大学の教職員のなかには、知りもしない多くの卒業生とつながりをもつと
いうことに身震いする人もいるかもしれませんが、SNSを用いれば、卒業
後のキャリア開発を継続して追跡するのも容易です。つながりを保つことが、
教職員にとっては、学生たちのニーズやその後の進路を理解するのに役立ち
ますし、卒業生を在学生たちの理想になるモデルにすることもできるのです。

おわりに

　本書で紹介されている話からもわかるように、やる気と実力のある学生は卒業前から仕事をはじめています。大学での日常的な教育だけでなく、めざめつつあるプロ意識からその世界へと一歩踏み出すだけで、音楽大学の中で最初の仕事のきっかけと出来事が起きることだってあるのです。学位の取得をめざしている間に他の仕事をするというのは、確かに冒険かもしれません。しかし卒業直前という、卒業後のカレンダーに演奏会やプロジェクトの予定がはいる時期なのに、卒業式が終わったら何も予定がないというのも困ります。関心のあるプロジェクト、オーディション、個人レッスン、リサイタルや演奏会を予定しておくことは、卒業後の職業生活とつながっていくためには必要なのです。

　うまく仕事を獲得しているかつての卒業生を思いだして、彼らが学生のとき、どこが他の学生と違っていたのかを考えてみることがあります。才能とは何でしょう？　職業倫理とは？　忍耐力とは？　打たれ強さとは？　楽観主義とは？　彼らの動機は？　あまりパッとしなかった学生が成功して、学生時代のスターが、卒業すると同時に輝かなくなったりします。卒業生とのつながりを保ち、大学に来てもらって現役の学生と話をしてもらうだけでも、私たちは大学の外の変化の激しい現場について多くを学ぶことができますし、こうして学んだことを議論して、カリキュラムに反映させていくこともできるのです。

参考文献（現在では参照できないサイト情報は割愛してあります）

Arnett, J.J. (2000, May). Emerging adulthood: A theory of development from the late teens through the twenties. *American Psychologist*, 55 (5), 469-480.

Arnett, J.J. (2004). *Emerging adulthood: The winding road from the late teens through the twenties*. New York: Oxford University Press.

Bridges, W. (2009). *Managing transitions: Making the most change* (3rd ed.). Philadelphia, PA: Da Capo Lifelong Books.

Burland, K., & Davidson, J.W. (2002). Training the talented. *Music Education Research*, 4 (1), 121-138.

Cutler, D. (2010). *The savvy musician: Building a career, earning a living, and making a difference*. Pittsburgh, PA: Helius Press.

Hunter, J.D. (2009). Wither adulthood? (report). *The Hedgehog Review*, II.I (Spring, 2009):7 (11). Expanded Academic ASAP. Gale. University of St. Thomas Libraries. 14 Sept. 2009.

Kegan, R. (1994). *In over our head: The mental demands of modern life*. Cambridge, MA: Harvard University Press.

Robbins, A., & Wilner. A. (2001). *Quarterlife crisis: The unique challenges of life in your twenties*. New York: Tarcher/Putnam.

Vanrenen, B. (Ed.). (2007). *Generation what? Dispatches from the quarter-life crisis*. Canada: Speck Press.

Wilner, A., & Stocker, C. (2005). *The quarterlifer's companion: How to get on the right career path, control your finances, and find the support network you need to thrive*. NY: McGraw Hill.

訳注

＊1 「決められた道筋」と「紆余曲折」の原語は composed と improvised であり、それぞれ作曲された、即興されたという意味である。つまり、前もって演奏される音楽（道筋）が決まっている場合と、決まっていない場合とが、音楽用語でもって比喩的に対比させられている。しかしこれではよく意味がわからないので、「決められた道筋」と「紆余曲折」という訳語を選択した。

＊2 ライフ・ステージとは、人の生涯において、乳児期、幼児期、学童期、青年期、成人期、老年期などのように区分される、発達の段階のこと。後述するエリクソンによれば、それぞれの段階には固有の課題があって、それを達成しないままに、次の段階に至ると、さまざまな障害や困難が生じると考えられている。

＊3 初期成人期とは、エリクソンの発達段階において、青年期と成人期の間に位置する

発達段階。

*4　エリク・エリクソン（1902-94）は、アメリカの社会心理学者。日本では、「アイデンティティ」や「モラトリアム」などの言葉の創始者として知られている。

*5　ジークムント・フロイト（1856-1939）は、オーストリアの精神分析学者。深層心理の研究者として知られ、心理学のみならず、多くの分野に影響を与えた。

*6　カール・ユング（1875-1961）は、スイスの心理学者。フロイトは個人の深層心理を重視したが、ユングは広く人類に共有さる「集合的無意識」を強調し、分析心理学と呼ばれる分野を開拓した。

*7　「復員軍人援護法」は、1944年にアメリカで制定された法律。第2次世界大戦の復員軍人を援助・優遇する法律で、大学教育については、優先入学や授業免除などが認められた。

*8　アルフレッド・ブレンデル（1931-）は、オーストリアのピアニスト。2008年に引退を宣言した。

*9　レス・ポール（1915-2009）は、アメリカのギタリスト。ソリッドボディーのエレクトリック・ギター「ギブソン・レスポール」を製作したことでも知られる。

*10　「サービス・ラーニング」とは、奉仕活動と学習活動を結合した学習方法のこと。音楽ではアウトリーチなどがその典型である。

リーマンショック後の状況

この章では、若い音楽家が学校教育を終えて「実社会」に出ていく移行期に焦点をあてました。最後に簡単ですが、リーマンショックの影響、音楽産業界における変化、そして高等教育における対応について、お話したいと思います。

アメリカでは、2008 年以降低迷し続ける経済が、大卒生が社会人として独り立ちするプロセスにずっと影響を与えています。リーマンショック後に社会に出た若者は、経済面での困難に直面しました。最も顕著なのは、学生時代に借りた奨学金の負債総額が（2008 年に 6000 億ドルだったのが）1 兆 5000 億ドルになって、若者の仕事や人生に深刻な影響を与えていることです（FRED Economic Data, 2018）。負債の増加に伴って、大学を卒業してから親と同居する人の数も、2005 年に 19％であったのが、2016 年には 28％に増加しています（MarketWatch, 2018）〔訳注：アメリカの場合、在学中は一人暮らしをすることが多いので、卒業後に親元に、つまり郷里に戻る学生が増加したということです〕。しかしながらポジティヴな経済指標もあって、2018 年 4 月の失業率はわずか 3.9％です。また、音楽家や歌手たちの雇用見通しも、2016 年から 2026 年の 10 年間に 6％成長するという予想もあります（Bureau of Labor Statistics, May, 2018）。

オペラやオーケストラの団体から個人事業主の音楽家を含めた音楽産業界は、これまでにない速さで変化し続けています。こうした状況下で、若い多くの音楽家たちが今も、21 世紀の音楽家として生きることを決意して、可能性を追求しています。しかしこれからのキャリアを歩んでいくために必要な、ストリーミング・サービス、ソーシャル・メディア、インターネット配信などを駆使するには、音楽以外の新しいスキルを修得することが大切になるでしょう。さらに若い世代の人たちは、演奏家としてのスキルやこれまでのやり方の重要性を認識しつつも、多様な人たちから構成される新しい聴衆を前にして、革新的な演奏スタイル、ジャンルを超えたレパートリー、分野を超

えた協同やマルチメディア的手法を取り入れていくことも求められています。

彼ら・彼女たちは、今後も変化が継続することが避けられないことを受けいれて、同時に、つねに多くのことを生涯に渡って学習することが必要であることも理解しています。また国や地域を問わず、自分たちの領域やコミュニティを超えて、多くの芸術たちとのコラボレーションを創出しています。音楽家としての生きていくことは簡単ではありません。しかし志ある若い音楽家たちは、ニッチな領域を独自に開拓して、その分野や世界を変えつつあるのです。

音楽大学はこうした社会や技術、そして音楽における変化と期待に応えるのに悪戦苦闘しており、起業精神やリーダーシップを育成する教育課程が今なお増えつつあります。ここ20年間に先導的な役割を担ってきた起業教育では、ビジネススキルを主に教えており、また今なお重要な要素であります。確かに音楽家として持続的に生活していくためには、ビジネス家としてうまくやっていくことも必要なのですが、同時に、個人の音楽家の活動やヴィジョンの中で、音楽家としての才能やスキルとビジネス家としての洞察力が結合されて、そこから聴衆へとつながっていなかなくてはならないでしょう。

変化はますます速くなり、チャレンジしつづけなくてはなりません。しかし才能があって意欲溢れる若い音楽家は、来るべき世界を追求し創造しつつあります。将来が楽しみです。大いに期待したいと思います。

参考文献

Bureau of Labor Statistics, The employment situation--April, 2018. Press Release, May 4, 2018. Retrieved from: https://www.bls.gov/news.release/pdf/empsit.pdf.

Fred Economic Data, St. Louis Federal Reserve.（updated May 7, 2018）. Student loans owed and securitized, outstanding. Retrieved from: https://fred.stlouisfed.org/series/SLOAS

Melitto, A.（May 7, 2018）. More recent graduates are living at home than ever before. MarketWatch. Retrieved from: https://www.marketwatch.com/story/more-recent-graduates-are-living-at-home-than-ever-before-2018-05-08

第 5 章　生き延びるためのスキル・資質・やる気

ドーン・ベネット

　音大生が持続可能なキャリアを積んでいくには、はっきりとした自己イメージと職業上のアイデンティティが不可欠であるということは、本書で何度も出てくるテーマです。学部時代にキャリアを築く上でも、同じように、音楽のコアとなるスキルと本人の資質の両方が必要であるという事実も、このことを証明しています。

　クラシックのプロの音楽家の仕事には、実際にはスキルが必要とされる仕事と必要とされない仕事が含まれています。バーランドとデヴィドソンのふたりが音楽家の職業生活の多くを明らかにした研究（Burland & Davidson, 2004）によると、たいていの音楽家の主な仕事はレッスンで、演奏だけで生計を立てているのはごく少数だそうです。さらに音楽の仕事はとても多様で、例えば、音楽家の3分の2の人が、音楽以外の仕事をしています。仲間で仕事をすることが多く、音楽の仕事をしていても、そこから収入を得ていないという人が半分近くもいるのです。音楽家の80％以上がレッスンをしていて、70％が演奏活動をし、30％がアンサンブルを組んでいます。そしてほとんどの人が個人事業主となって仕事をしているのです（Bennett, 2008; Huhtanen, 2004; Metier, 2001）。

　一般的には、音楽家は演奏をする人と思われているのですが、現実での生活がここまで大きく違ってくると、これから音楽の仕事をしようという若者

にとって、この生活上の違いがいかんともしがたく、乗り越えがたいもののように見えてしまうでしょう。こうなると、音楽家はただ生活費を稼ぐためだけに演奏以外の仕事をやむなくしているのか、それとも他の別の要因があるのかと、ついつい尋ねてみたくもなります。

　この章でお話しすることでもあるのですが、音楽家のキャリアのすごい所は、多彩で魅力的な役割を複数こなせるだけの能力を持っていることです。こうした役割のひとつが演奏であったり、音楽以外の仕事だったりするだけなのです。この音楽以外の仕事がときには、演奏の片手間ではできないような、すごい仕事だったりもします。

　音楽大学に入学したての頃は、専門の実技が狭い意味での自己アイデンティティであるはずですし、将来の目標とも一致しています（第1章を参照）。特に専門実技の世界は、「未知の自分」（Marcus & Nirius, 1986）を探索できるロマンティックな理想の世界でもあります。そしてこの理想と現実とを一致させざるをえないような状況に学生たちが追いやられると、やがてこれまで考えてきた自身のキャリアを再考するように迫られたりもします。つまり、自分たちが抱いてきた音楽キャリアの序列に対して、疑問をもつようになるのです。もちろん、すぐれた音楽家や音楽教師なら、演奏以外のスキルがいかに重要であるかを理解しています。そして学生たちも過密なカリキュラムをこなすだけの忙しい毎日を送るだけでなく、このことに気付いて、有意義な経験を積んでもらいたいものです。

　他の章と同じように、この章でも議論を具体的にしたいので、筆者の住んでいるオーストラリアについてお話します。オーストラリアは世界で6番目に広い国ですが、人口密度は最低です。ヨーロッパ諸国やアメリカなど、人々が忙しなく動き回っている国とは、印象が随分と異なります。しかし6つの州とふたつの特別地域から構成されたこの国には、多様な国籍の人が住んでいて、多様な音楽や伝統の中で育った音楽家にとっては、まさに天国なのです。グローバルな音楽世界なら、世界の音楽活動の中心地から離れた周辺に位置していることもうまく活用できるでしょう。

　2006年の調査によりますと、オーストラリアでは290万人が何らかの文

化的活動で有給あるいは無給の仕事をしており、さらに 250 万人の人が、趣味としてこうした文化的活動に参加しています（Australian Bureau of Statistic, 2008）。ここで留意すべきことは、世界各国の国勢調査では個人の主業だけを調査する傾向にあるということです。その結果、さまざまな仕事を掛け持ちしている芸術家の活動が、見逃されてしまうのです。このことを念頭におくと、オーストラリアでは、およそ 16 万 7 千の人が今現在、音楽活動で何らかの収入を得ています。オーストラリアの人口が今後 50 年の間に、3 分の 1 増加して 3,300 万人になったとすると、2060 年頃までには少なくとも 22 万の人が音楽活動で何らかの収入を得て、600 万もの人が文化産業に従事することになります。柔軟で創造的な仕事ができる音楽家にとっては、これは十分すぎる機会が創出されていると言えるでしょう。

音楽文化産業における創造

　たいていの音楽家は自らのキャリアを音楽とつなげて計画しています。しかし現実はというと（本書の他の章でも紹介されたように）ますます複雑かつ多様になる競争的な環境の中で、キャリアを維持していかなくてはなりません。芸術の経済的効果について云々することは、ここではしませんが、自分たちが仕事をすることになる音楽分野の経済的規模を少しでも理解するには、全体状況を大まかに説明しておくことは大切でしょう。

　オーストラリアでは例えば、音楽業界全体の経済規模は、2005/6 年度について見ると、68 億オーストラリア・ドルで、オーストラリアの GDP の 3％強に相当します（Guldberg & Letts, 2005）。音楽業界には、演奏、作曲、レコーディング、映画・テレビ、教育・レッスン、コンサート会場、製造、流通・テクノロジー、研究・情報、医療などが含まれます。

　音楽は、創造あるいは文化産業と呼ばれる大きな分野の一部です。創造産業の定義の中で国際的に認められたものはまだありませんが、イギリスの定義が広く受け入れられていますので、以下に紹介しておきましょう。

創造産業とは、個人の創造性、スキル、そして才能を基盤にした産業のこと。つまり、知的財産を創出することで富や仕事を生み出すポテンシャルを有している産業である。ここには、広告、建築、美術・骨董市場、工芸、デザイン、ファッション、映画・ヴィデオ、ゲームソフト、音楽、表演芸術、出版、ソフトウェア、コンピュータゲーム、テレビ・ラジオなどが含まれる。（文化メディアスポーツ省、2006）

2004 年にはイギリスの創造産業は全体で、イギリス経済の 8% を占めました（英国国立科学・技術・芸術基金 NESTA, 2006）。文化産業はしばしば創造産業よりも広く定義されて、ここには映画・ヴィデオ、動画、テレビ、アートギャラリー、図書館、アーカイブ、博物館、植物園、音楽・演劇、劇場、教育のようなサービスが含まれます。そのため音楽家はよい広い、また様々な分野で働くことになります。音楽家の創造性、特殊技能、汎用的技能は、文化・創造産業の内外で転用可能なのです（Bennett, 2007）。自らで満足を求め、自らの強みや関心を引き出し、それをさらに意欲を高める資源にしようと考えている音楽家なら、こうした状況から実に多くのチャンスが得られるでしょう。次の節では、オーストラリアを例にして、教育と訓練、雇用とエンプロイアビリティ（さまざまな職業で通じる能力）[1] について考察します。特に、音楽でキャリアを積むためには、スキルと資質が重要であることにスポットを当てます。筆者はオーストラリアを例にしますが、オーストラリアと他の国との違いは、程度の差でしかありません。さまざまな国の雇用とエンプロイアビリティについては、第 3 章（アメリカ）、第 6 章（カナダ）、第 7 章（ヨーロッパ）を参照してください。

オーストラリアにおける雇用とエンプロイアビリティ

2003 年にオーストラリアの音楽大学・学部を卒業した学生のうち、器楽は 188 人でした。そのうちの、113 人が弦管打楽器、59 人がピアノとオル

ガン、16 人がクラシック・ギターでした。（毎年 2 万人も音楽学部卒業生がいるような）アメリカのような国に比べると（第 3 章を参照）、オーストラリアの音大卒業生の数はわずかで、同じく仕事の数もあまり多くありません。例えば、オーストラリアでは、オーケストラのフルタイムのポジションは 600 以下ですし、声楽については 48 しかありません。またオーケストラ団員の 3 分の 1 はオーストラリア以外の国の出身で、さらに 3 分の 1 はオーストラリア以外の国で学位をとっています。また声楽家 50 人を無作為に尋ねたところ、そのうちオーストラリア出身は半分でした。

　オーストラリアの音大卒業生にとっては、このような状況はあまり好ましいものではありませんが、オーストラリアでの職探しがグローバルな競争になっているという現実を、このことは如実に示しています。その結果レベルも高く、さまざまな経験をした人が集まっているということが、むしろ長所にもなっているとも言えます。メルボルン大学の音楽学部（卒業生の進路先を公開している数少ない学部のひとつ）について見ると、2006 年の卒業生の 50％が教育職に、20％が販売業に、14％が音楽療法士に、そして 14％が芸術団体での職に就いています。この数字からは、卒業生の就職先の種類はあまり多くありませんが、仕事をうまくこなすために求められているスキルや資質の方は、実に多様であることがわかります。以下の節では、音楽家の最も一般的な仕事である演奏とレッスンについて、詳細に見てみましょう。

・音楽大学やその他の学校

　演奏の仕事がないために、やむなく教育活動、補助金申請活動、研究活動に従事する音楽家が大勢います。こうしたなか、フルタイムの仕事を提供しているのが、大学です。講師や指導者のほとんどは非常勤で、1 レッスンに対して時給 60 オーストラリア・ドル、講義については 1 コマあたり 100 オーストラリア・ドルが支払われています。もちろんもっと多く支払われている大学もあります。年間で 24 〜 26 週の授業がありますが、休暇期間中や病気になると報酬はありません。また多くの場合定年などもないのですが、非常勤講師の報酬が唯一の収入源というわけではありません。これ以外にも、

器楽や声楽の教員は、その人の演奏レベルの高さ、さらには所属するオーケストラやアンサンブル団体のランクによりますが、それなりの収入を得ています。

　公立学校ではこうした状況は比較的安定していて、学部卒で教員になると年収はおよそ5万オーストラリア・ドルになります。器楽の指導ができる教員になると、クラス担任と同じ条件や報酬で採用されます。しかし学校で働くデメリットとしては、授業時間を移動させるのが難しく、演奏の仕事のような不規則な仕事と両立しづらいということがあります。それにもかかわらず、教員をしながら演奏活動をするという人は、ふたつの仕事をうまく調整しながら継続しています。

　そのほかに、コミュニティの音楽学校やホームレッスンなどで、プライベートに教える機会もたくさんあります。音大生に注意してもらいたいことは、こうした仕事のほとんどが、時給支払いあるいはパートタイムという契約の仕事で、休みになると収入がなくなるということです。しかしこうした仕事は融通が利きますし、小さな音楽教室でレッスンをしている音楽家は、みな個人事業主です。また保険やその他の義務はすべて学校ではなく、個人の責任で行わなくてはなりませんので、それらが法的に適切に処理されているかを常に確認しておかなくてはなりません。

・オペラ団体とオーケストラ

　オーストラリアではニッチな市場で音楽団体の数が増加しており、これらの団体は短い周期で音楽家と契約をしています。シドニーの小劇場でオペラを公演している室内オペラの団体、「ピンチガット・オペラ」がいい例です、この団体はそれぞれのオペラで中心となる合唱団を編成しますが、代表のリズ・ニールセンによると、合唱団員は「シーズンごとの契約で、常勤の人はいない」そうです。「作品にもよりますが、毎シーズン25人ほどのプロの歌手と契約をしています。これが何を意味しているかというと、公演するオペラのそれぞれの配役にベストな歌手をあてているということです」（インタビューより）。そして楽器奏者も同じように雇われます。

第5章　生き延びるためのスキル・資質・やる気　｜　89

　メルボルンを拠点にする「チェンバー・メイド・オペラ」は毎年、実験的な作品をふたつ、オペラを3つ、さらにツアー用として2作品を上演します。現在活動している作曲家の室内オペラを上演することを特色にしています。ここでも歌と楽器の演奏者については、「リハーサルから本番まで、全員が演目ごとに契約しています」（インタビューより）。オペラ劇場が大きくなるにつれて、シーズンごとの契約が増えてきます。国立・南オーストラリア劇場、クィーンズランド・オペラ、西オーストラリア・オペラ、ヴィクトリア・オペラなどでは、ほとんどがシーズンごとの契約です。このような状況はアメリカ（第3章）やイギリスともよく似ています。ただしイギリスのケンブリッジには唯一、キングズ・カレッジというプロの合唱団があります。

　オーストラリアには9つのオーケストラがあります。フルタイムのポストの数はさまざまですが、それぞれのオーケストラは、プログラムによって人数を増すためにエキストラを採用しています（次頁表を参照）。オーケストラで働いた経験がない人は、最低限の俸給から出発します。そしてたいていの場合、1年あるいは2年ごとに次の報酬レベルに昇給し、10年以上も働くと最高レベルに到達します。「オペラ・オーストラリア」のような団体では、10年以上勤務すると、25％ほど俸給が増加します。またたいていの契約では、ツアー公演での休日出勤や残業にも支払われることになっています。団体の規模にもよりますが、オーケストラ・マネージャーなら、年間8万5千オーストラリア・ドルを期待できますし、プロデュースやマーケティングのマネージャーでも、年間7万オーストラリア・ドルほどをもらっています。

　次頁の表からもわかりますが、オーストラリアにいる16万7千人の音楽家のうち、おおよそ0.4％の人しか、フルタイムのポストを得ることができていません。そしてこれまでの調査は、これらフルタイムの職に就いている人の多くが、フルタイムでの仕事以外にも、さまざまな活動に従事していると報告しています（Bennett, 2008）。例えば、オーケストラのプレイヤーでもしばしば、室内楽や他の編成でのアンサンブルに自由に参加して、スキルを磨いています。

レッスンをしたり他に関心のある仕事をしたりすれば、それなりの満足を得られ、補助的な収入にもなります。このようにさまざまな仕事を同時にこなしているわけですが、世界中の音楽家の活動をみる限り、やはりコアとなるスキルと資質がとにかく重要です。こうした本質的なスキルや資質が何であるかを追求し、それらを修得していくことで、多くのチャンスに恵まれ、自身のキャリアをコントロールできるようになるからです。しかしながら、コントロールし続けるにしても、新たなチャレンジに巡り合うために、音楽家はいつもスキルを磨き、高めていかなくてはならないのです。次の節では、こうしたスキルを将来に渡って修得するには、どのようにすればよいのかを考えてみましょう。

表：オーストラリアにおけるフルタイムのポスト

	フルタイムのポスト数	一般楽（合唱）団員の俸給*	パートリーダーの最高俸給
器　楽			
アデレード交響楽団	67	42,821-54,126	66,092
オーストラリア室内管弦楽団	15	83,842	非公表
メルボルン交響楽団	87	59,428-77.255	91,518
クィーンズランド・オーケストラ	79	43,945-55,545	67,823
シドニー交響楽団	89	72,761-88,761	112,780
タスマニア交響楽団	45	43,669-55,197	67,399
西オーストラリア交響楽団	80	46,205-58,401	71,310
オーストラリア・オペラ・バレエ・オーケストラ	69	56,324-70,405	84,486
オーケストラ・ヴィクトリア	69	44,902-56,754	69,928
コレペティートル	6	46,968-71,123	非公表
声　楽			
オペラ・オーストラリア	48	48,800-62,462	非公表
合　計	651		

＊＝2006年に音楽活動で何らかの収入を得ている人は推定で167,000人である。報酬額は2008年の雇用契約により、オーストラリア・ドルで表示されている。（訳注：2008年8月以降、リーマン・ショックの影響によって1オーストラリア・ドルは104円から60円にまで急落し、この年の終値は63円だった。現在は1オーストラリア・ドル＝約88円［2018年1月］。）

オーストラリアにおける音楽職業教育

知識経済、グローバル化、そして IT 革命の時代にあって、エンプロイアビリティを維持するためには、音楽家は常に教育を受け、職業的能力を高めていかなくてはなりません。2006 年のオーストラリア国勢調査によると、全人口の 5％に相当する 110 万もの人が、芸術や文化に関する学部を卒業して、なんと全人口の 1％の人、つまり 21 万 5 千人が音楽学部を卒業しているのです。オーストラリアの芸術系大学・学部のうち、音楽が最も多くて、学部の数は約 159、修士課程は 120 もあり、毎年 5,500 人の学生が入学しています。

このように学生数が多いのにもかかわらず、教育の内容、学位の種類や名称、学生数、卒業後の進路に関するデータがひとつに整理されていません。以下では、ランカスターの『ディファレント・ビーツ Different Beats』(2004) による、オーストラリアにおける高等教育に関する調査から、様々なデータを引用しています。さらに私自身の演奏系学士課程・音楽家・就職に関する研究（Bennett, 2008）、オーストラリア評議会調査センターやオーストラリア音楽評議会のデータベース（2005-2011）、そして多くの芸術協会や芸術団体からのさまざまなデータを活用させていただきました。

過去 12 年に渡って私の調査に協力してくれた音楽家の 95％が、正規の音楽教育を受けています。そして半数が学士レベルの学校で学んで、そのほとんどの人が学士（音楽）の学位を持っています。オーストラリアの大学の学位制度は、アメリカ的なリベラルアーツ・モデルではなく、イギリスのモデルに従っています。そして幅広く学士号を出す必要が高まるにつれて、2008 年には、音楽療法、作曲、アート・マネジメント、ピアノ演奏といった、専門性の高い課程が加わり、学士課程の数は全体で 66 となりました。さらに音楽産業に向けの応用ビジネスが 1、音楽と教育のダブル・ディグリーが 10、芸術学士が 3、さらに心理学、商業、法律、一般科学の他学科と音楽のダブル・ディグリーが 21、誕生しました。

2010 年の入学者数の調査結果（未出版）を見ると、全学生数は増加しているのですが、学部学生の数は減少しています。伝統的な音楽学部には最も多くの学生が入学しています。しかしアンケートの回答者が所属した学士課程は 40 でしたが、そのうちの半分は「学士（音楽）」に何らかの専門がつけられていました。演奏、ポピュラー音楽、現代音楽、音楽学、芸術産業にも新しく学生が入学しています。しかし音楽教育は 6 と少なく、そのうちのひとつが音楽と教育のダブル・ディグリーでした。テクノロジー・マルチメディアの学士課程の数は増加して、それぞれ学位の名称も異なっています。

いくつかの大学ではダブル・ディグリー*2 が自由に選択できます。例えば、原子物理学とヴィオラ演奏を組み合わせるダブル・ディグリーなんていうのは、ちょっと夢のような戦略かもしれません。しかし進路が決まっていない学生や、親たちが「堅気の職」に就くことを望んでいる学生には、これも魅力的な選択なのかもしれません。ダブル・ディグリーや総合芸術の学位を求める傾向は世界共通で、学部と修士課程の双方の学生がひとつの選択肢として関心を寄せています。耳にタコができるほど聞かされたかもしれませんが、演奏専門の学位というものが、音楽でのキャリアを積んで持続させていくのにとにもかくにも大いに役にたつのです。

オーストラリアの専門教育機関である「技術・継続教育 Technical and Further Education（TAFE）」の必修コースには、すべての音楽家に必要な汎用的スキルに特化したものがあります。例えば、ビジネス、労働衛生・安全、音楽産業、交渉術に関するコースがあります。通常のコースでは、発達段階に沿って順次履修すればいいわけですが、演奏家養成のための科目は選択科目です。こうしたことから、大学を卒業すると多くの人が TAFE で学ぶのです。TAFE は大学教育に代替するものと位置付けられているのですが、現在では TAFE から大学へ進学する人よりも、大学から TAFE へ進学する人が 4 倍も多いのです。TAFE は大学と対抗して学士レベルのコースを設けていて、高等教育におけるこうした変化は、今後も大いに注目してよいでしょう。

芸術分野では大学院も人気があります。演奏、作曲、教育のディプロマは一般的には 1 年コースです。教育ディプロマはイギリスの教育学の修士に

相当し、音楽科の教員として働くことができる資格です。オーストラリアのほとんどの修士課程はクラス授業ですが、最近では法律が改正されて、器楽や声楽のための教育法に特化したコースも増えています。2006年現在、演奏、音楽療法、作曲などの修士課程が 32、音楽を専門にする教育の修士課程は 2 あります。多くの大学院に、音楽の博士課程 Doctor of Musical Arts があり、必修科目、演奏・創作、そして 5 万語程度の論文が課せられています。PhD については、アカデミックな学問研究（あるいは演奏や創作の研究）を 3 年から 4 年の間継続し、約 8 万語（創作を含む場合はこれ以下も可能）の論文を提出します。ランカスターの『ディファレント・ビーツ』（2004）によれば、オーストラリアの大学院では、演奏と作曲が中心ですが、その他にも、音楽学、作曲、テクノロジー、音楽教育、音楽民族学といった分野の研究も行われています。

重要なスキルと資質

・ビジネスと起業

　ネイデル（1998）はかつてこう言ったことがあります。「建築家というのは建築物の設計士ではなく、仕事の成果物が建築物なのである。」同じように、音楽家も、仕事の成果物が音楽である人とみなすことができます。ある音楽家はこう説明したことがあります。「人々は音楽が好きです。しかし音楽家としての仕事を継続するために、どのくらいビジネス感覚が求められているかを、人々は理解していません」（Bennett, 2004, 未出版）。実際のところ、数多くの音楽家や芸術家はお金を集められる機会を失っているのです。それは、自分たちがビジネスをしていると思っていないからであり、またビジネスをうまくマネジメントするスキルをもっていないからなのです。

　起業 entrepreneur *3 という言葉は、行動を起こすことを意味するフランス語のアントレプランドゥル entreprendre に由来しています。しばしばリスクをとることと思われていますが、起業家は創造的で、自分たちがしようとすることに情熱を傾けている、訓練されたプランナーです。彼らは必要なだけの時間をかけて計画を練り、結果を受け入れる覚悟ができてはじめて行動を起こします。成功を収め、専門性を高め、ネットワークを広げることで、人は多くの分野で起業家と呼ばれるわけですが、芸術家というのは最初から起業家のようであると言えます。起業家精神を養うことは、音楽家になるための訓練の重要な要素にもなるわけです。

　芸術系大学の最終学年の学生について調査したところ、「チームの一員として働く力」とか「独立して働く力」といったような、これから身に付けていかなくてはならない、就職するために必要なスキルを、たいていの学生はよく理解していないことがわかりました。ところが皮肉なことに、オーストラリアのビジネス界は芸術系大学の卒業生の働く能力に関心を示していることを、同じ研究が指摘していたのです。つまり、「経営者は、彼らが有している汎用的スキルの幅広さを、特に評価して求めている」（Delves, 2008, p.22）

のです。他の研究者も述べているように、スモールビジネスを起こすには、時間とお金をマネジメントする能力、効果的にマーケティングする能力、そして短期的・長期的な目標を見定めて達成するために、注意深く計画を練る能力が求められます。こうしたスキルを若い頃に身につけていることは、学生たちが馴れ親しんでいる活動を少し見れば明らかです。例えば、演奏会を企画するためには、チームワーク、会場や演奏者との交渉、マーケティング・プロモーション、補助金申請の執筆、契約の作成、保険の支払い、領収書の作成、出納簿の管理などが必要となるのです。そして彼らが持っているこうした能力は、他の多くの分野でも活用することができるのですが、履歴書にこうした重要な能力を記載している音楽家は、ほとんど見かけません。

・コミュニケーション力

　ロジャーが 2002 年にイギリスで実施した研究に参加した音楽家のうち、62％の人がコミュニケーション力を最も重要なスキルに挙げています。またトゥラースダール（1996）も、ポピュラーの音楽家たちでも、事情は同じであると報告しています。コミュニケーション・スキルはすべての音楽家に必要です。ネットワークを作り、依頼者と連絡をとり、リハーサルでグループ全体をマネジメントして、製品やサービスを「売らなくてはならない」からです（第 8 章を参照）。

　効果的なコミュニケーションができる能力と自信は、演奏でも、教えることでも、フリーランスでビジネスをしていくうえでも、必要な実践的能力です。コミュニケーションに自信が持てないというのが、学部生の直面する最大の障害のひとつです。将来の仕事に対して誤ったイメージをもっている学生にとっては、特にそうです。文章によるコミュニケーションでも同じですが、口頭で効果的なコミュニケーションをするためには、機転のよさ、先見性、自信などが必要で、これらは経験によってのみ培われます。しかしこうした経験は、練習室のような閉じた空間で得られることはありません。効果的なモデリング、ピア・ティーチング、メンタリング、公開のリハーサルやプレゼンなどを行う授業などを通して、経験的に学んでいくしかないのです。

第3章でも指摘されていたように、授業の一部として、学生たちをアルバイトやその他の学外での活動に参加させるのが、時間的に効率がいい方法かもしれません。このやり方ですと、さらにコミュニケーション・スキルを高めることができ、グループ間で経験が共有できるだけでなく、自分たちの参加した活動に対する理解を、いっそう深めることができるでしょう。

・演奏とやる気

　たいていの音楽活動の原点にあるのは、演奏を愛する心です。ある音楽家が言ったことですが、「自分が音楽家としてやっていくのに必要な気力を支えているのは、演奏の技能なのです」（Bennett 2005, インタビューより、未出版）。しかしながら、演奏にばかりスポットライトがあたるというわけではありません。そうではなく、みんなでいっしょになって音楽することが大切なのです。演奏のスキルも、多くのスキルのひとつであって、演奏とそれ以外の活動を結び付けることがより重要なのです。演奏の学位を持っているかどうかや、ソリストとして成功した人かどうかは、あまり関係がありません。イヴェントを企画したり、教えたり、リサーチしたり、グループで演奏したり、プロジェクトをマネジメントしたり、音楽の文章を書いたり、レコードを製作したりすることで、みんなが楽しんで満足してくれることが大切なのです。

　このような考えに私が至ったのは、音楽学部のあるクラスで、演奏するときの不安に関するセッションをしたときのことです。学生たちに「演奏のために生きている人はいますか」と尋ねたところ、一人だけ手を挙げた人がいました。これには驚きでした。以前に、演奏に焦点をあてて、キャリアとかやる気についてたくさん議論をしていたからです。

　しばらくして私はもう一度質問しました。その質問というのは、キャリアを論じる際に、私が使っているなかで、最も効果的な質問のひとつです。それは「何をしているのが好きですか？」という質問です。そうすると学生たちは、以前にも増して、自分たちの強みや関心について、さまざまに語りはじめるのです。自分たちが楽しめることをこれまで実際に頼まれたことのあ

る人が、ほとんどいなかったこともわかりました。

　この議論は私にとって目から鱗の経験でした。学生たちが従来の音楽家の序列の並びを変えてしまい、音楽ではなく自分自身を将来のキャリアの中心に据えるようになっていたからです。自信、変化を受け入れる受容力、やる気、辛抱強さ、根性、情熱といった資質が、演奏のスキルと同じように、重要となったのです。情熱はしばしばキャリアで成功するための推進力で、おそらく最も重要な資質でしょう。音楽に対する情熱がなければ、仕事もうまくいかないでしょうし、不幸な結果を招くにちがいありません。このことは、大学での教育やレッスンでの演奏にも、あてはまることでしょう。

おわりに

　この章では、音楽のキャリアを積んで維持していくために必要なスキルや資質について概観しました。こうしたスキルの重要性を学生たちに理解してもらうのは難しいかもしれませんが、こうしたスキルの探究はどんな学生にも大切なことでしょう。学生に関心をもってもらうための効果的な方法や手段としては、雑誌、人生設計、グループディスカッション、メンタリング、音楽家のプロファイリング、音楽インターンシップなどがあります。ビーチング（第3章）も、最終的に音楽家は自分自身でチャンスと道筋を作りだすしかないと主張しています。またパーキンス（第2章）も、「学生たちが必要と感じるときに、専門家として必要とされるスキルを高めることができるような、柔軟なプログラム」を準備しておくことが大切であると、力説しています。

　この章の最初に、すでに目いっぱい詰まったカリキュラムのなかで、学生たちに有意義な経験をしてもらうことが、これからの課題であると言いました。しかしこうした窮屈な状態であっても、音楽家として何をしたいのか、音楽や音楽以外の何に関心を持っているのか、自分の強みや才能は何なのか、そして情熱はあるのかということについて、彼らにうまく質問していくことで、彼らの成長を促すことができるのです。具体的に、次のような質問が考

えられます。

1. 音楽経験の中で、何が最も貴重でしたか？　どのような成果を得られましたか？
2. 音楽以外の経験の中で、何が最も貴重でしたか？　どのような成果を得られましたか？　音楽で最も楽しいと思えることと、それはどのように関係していますか？
3. これからどんなことをしたいですか？　これからどんな所を伸ばしていきたいですか？
4. これからどんなことを、もっと学びたいですか？
5. あなたの性格上の強みは何ですか？
6. あなたは何が得意ですか？
7. あなたはどのようなことに情熱を傾けることができますか？

　これらの質問に対する答えは、将来の方向を決めるときに役立つでしょうし、今現在の職業アイデンティティや自己イメージをより鮮明にするためにも必要でしょう。私もこれらの質問が意味するところについては、個別に、あるいはいくつかのトピックスの中で、さらに音楽家のプロファイリングや研究を紹介するなどして、説明してきたつもりです。また次頁のマトリクスの要素と関連づけて、クラスで議論したり、オンラインで話題を提供したりしてもいいでしょう。

第5章 生き延びるためのスキル・資質・やる気　99

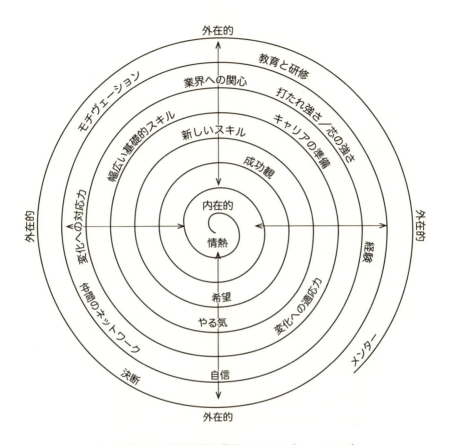

図：外在的要因と内在的要因の関係マトリクス（Bennett, 2008）

参考文献（現在では参照できないサイト情報は割愛してあります）

Australian Bureau of Statistics. (2008). *Culture a leisure*. Retrieved October 26, 2008, from www. ausstats.abs.gov.au.

Bennett, D. (2007). Creative artists or cultural practitioners? Holistic practice in Australia's cultural industries. *Journal of Australian Studies*, 90, 133-151.

Bennett, D. (2008). *Understanding the classical music profession. The past, the present, and strategies for the future*. Oxon, England: Ashgate Publishing.

Burland, K., & Davidson, J. (2004). Tracing a musical life transition. In J. Davidson (Ed.), *The Music Practitioner: Research for the Music Performer, Teacher and Listener*. Farnham: Ashgate.

Canadian Heritage. (2010). *The Canadian Music Industry 2008 Economic Profile*. Quebec: Canadian Heritage.

Delves, L. (2008, January). *The arts skills summary: Building employability awareness in arts students*. Paper presented at 'Preparing for the graduate of 2015', the 17th Annual Teaching and Learning Forum, Curtin University of Technology, Perth.

Huhtanen, K. (2004). Once I had a promising future (facing reality as an ex-promising pianist). *Australian Music Forum*, 10 (3), 21-27.

Lancaster, H. (2004). Different streets, different beats? *Sounds Australian*, 64, 3-7.

Marcus, H., & Nirius, P. (1986). Possible selves. *American Psychologist*, 41 (9), 954-969.

Rogers, R. (2002). *Creating a land with music*. London: Youth Music.

National Music Council. (2002). *Counting the notes: The economic contribution of the UK music business*. London: National Music Business.

Statistics Canada. (2004). *Profile of the culture sector in Atlantic Canada*. Ottawa: The Cultural Statistics Program, Tourism, and the Center for Statistics in Education.

訳注

＊1　エンプロイアビリティ employability とは、雇用を意味する employ と能力を意味する ability の合成語で、雇用される能力を意味する。この能力はひとつの職業に限定されない職業上の能力で、汎用的能力と解釈できる。従ってこのエンプロイアビリティが高いと、複数の職業に就くことができるので、転職などが可能である。

＊2　ダブル・ディグリー double degree とは、複数の分野での学位を取得すること。その場合、個別に取得する場合に比べて、履修期間が短く、カリキュラムも整備されていることが前提である。

＊3　起業 entrepreneur とは、新規の分野に、新たに会社などを立ち上げること。かつては「ベンチャー」と呼ばれたが、現在では、「スタートアップ」と呼ばれる。

リーマンショック後の状況

　グローバルな金融危機となったリーマンショックの影響は、すぐさま多くの国々に波及しました。しかしオーストラリアではその影響はかなり後になって現れ、そのためにその余波は今も続いています。この期間に行われた、一貫性のない財政措置や歳出カットは、とりわけオーストラリアの芸術界にダメージを与えました。というのも、この国では慈善事業に対する税優遇措置があまり十分ではないからです。オーストラリア芸術評議会のウェンディ・ウェア氏は、芸術は重要ではないという決議するよりも、政府の歳出カットの方が、病院や教育のための財政措置に対する関心を引き起こしたと、皮肉まじりに語りました（Francis, 2017）。しかし景気が低迷している間は、芸術というのは「安易に」予算カットできる項目であると、今なお思われているのです。

　オーストラリアではほとんどの芸術家は芸術活動とそれ以外の仕事で生活をしていて、80％の人が個人事業者です。最近の調査（Throsby & Petetskaya, 2017）によりますと、彼ら・彼女たちの活動を最も阻害しているのが、投資した割に収益が少なく、財政支援が不十分で、時間がないという状況でした。またこうした不利な状況を克服するのに困難を感じている芸術家というのが、英語をネイティブにように話せない人たちです。さらにオーストラリアで問題となっているのは、学校で提供される芸術の質です。オーストラリアの中心的な音楽団体である「ミュージック・オーストラリア」は永年にわたって、学校における公平な音楽教育や教員のための適切な研修の必要性、そして音楽教育の価値を再認識することを、提唱してきました。同じような取り組みは美術教育においても行われています。（「全国美術協会 National Association for the Visual Arts」の公式サイトを参照してください。）

　高等教育においても予算は縮減されていますが、芸術関係の学部・学科は、現実世界の変化を反映しつつあります。積極的に推進されているのが、芸術インターンシップ、芸術関連の職業紹介、キャリアや起業教育に関連する科

目の開設などです。筆者は最近、エンプロイアビリティのこれまでの定義を改めて、「意義ある仕事を見つめ、創造し、持続させ、生涯に渡って学び続ける能力」と定義し直しました（Bennett, 2018 を参照）。すなわち、エンプロイアビリティを発達させるということは、学生たちが意識面でも社会面でも、知識や技能に優れた個人、専門家、そして市民として成長することなのです。そのために私たち大学教員は、カリキュラムの中に、エンプロイアビリティ的思考を教育するための科目を導入し、必要な教材を準備しなくてはならないでしょう。

参考文献

Bennett, D. (2018). Embedding employABILITY thinking across Australian higher education. Canberra: Australian Government Department of Education and Training.

Francis, H. (2017, June 28). Support for public funding of the arts weakens, Australia Council survey reveals. Retrieved from https://www.smh.com.au/entertainment/art-and-design/support-for-public-funding-of-the-arts-weakens-australia-council-survey-reveals-20170627-gwzbcx.html#footer

Throsby, D., & Petetskaya, K. (2017). Making arts work: An economic study of professional artists in Australia. Sydney: Australia Council for the Arts.

第6章　社会とつながる音楽家

グレン・カールーザース

　社会と音楽家の関係、とりわけ、音楽家のアイデンティティは、どのくらい社会との関わりによって築かれるのかという問題は、音楽のキャリアを論じる際にはとても重要です。この章のテーマとして、社会と音楽家の相互作用を考えてみたいと思います。

　社会と音楽あるいは音楽家との関係に関する研究は、過去75年間で増えました。ポピュラー音楽文化に関するアドルノ*1の難解な文章（Adorno & Simpson, 1941）からレスラーの読みやすい社会史研究『男性、女性、ピアノ』(1954)、そして1970年代の幅広い研究まで、実に多様です。こうした研究の例として、ここではレイノアのふたつの幅広い歴史研究『音楽と社会：1815年から現代までの音楽の社会史』(1972)と『中世からベートーヴェンまでの音楽社会史』(1976)、シェパードらの『誰の音楽？：音楽言語の社会学』(1977)、スモールの『音楽・社会・教育』(1977)を挙げておきたいと思います。また1980年代から90年代にかけても多くの研究書が発表され、シェパードの『社会的テクストとしての音楽』(1991)やフリスの『演奏の祭典：ポピュラー音楽の価値について』(1996)などがあります。また近年でも多くの研究が発表されています。

　音楽や音楽家を社会的コンテクストから論じるという最近の傾向は、その他の多くの分野にも見られます。例えば、1980年代のニュー・ミュージコ

ロジー*2 に解発されて、主流の音楽学の関心も、「作品そのもの」から「本来の場所にある」音楽に向けられるようになりました。「実証的であるより、批判的な音楽学であれ」というカーマン*3 のスローガン（1985）に刺激されてか、この新たな関心は一般的な音楽雑誌から研究書に至るまで、ほとんどの研究で顕著に見ることができます。音楽史の教科書ですら、版を重ねるごとに、音楽を社会的あるいは歴史的な背景から把握しようという傾向が顕著になっています。本書の他の章でも述べられるように、これら研究の根本にある関心はアイデンティティです。つまり、音楽作品のアイデンティティであり、音楽作品を創造し演奏する音楽家のアイデンティティであり、それらを享受する聴衆のアイデンティティなのです。

前世紀の音楽研究のすべての分野の特徴となった、「これまでを考え直す」という傾向の中にあって、アイデンティティ研究の方も音楽教育に熱心に目を向けたとしても、驚くべきことではないでしょう。音大生のキャリア発達を担当する専門家たちですら、教育課程やワークショップを再構成するにあたっても、目標や方法を再考し、学生たちが授業で修得するスキルが、実際どのように応用されるかを重視するようになったからです。簡単に言えば、音大生と彼らを支援する人たちが、キャリア・プランやカリキュラム指導など〔訳注：学生たちの内在的な面に介入するのではなく〕、学生たちの外在的側面からの支援を追求することが多くなっているのです。

学生たちが音楽大学に期待することの中味は、近年大きく変化しています。そしてこのような変化が、音楽家が現代社会において演じる新しい役割や、一人ひとりの価値観や仕事に対する考え方を変えているのです。かつてなら、音楽学部に入学してきた学生たちは、自分たちのキャリアが将来どうなるのか、そしてどのように期待を寄せたり、思い描いたりしたらよいのかについて、その具体的なイメージを持つことができていました。このモデルとなるのが通常は、自分の先生のキャリアであり、将来の仕事への期待であり、また教員自身も自分の先生から受け継いだ、同じような見方や考え方なのです。こうした連鎖は、音楽学校が制度化された 19 世紀から 20 世紀の終わりまで、変わることなく連綿と続いていました。

第 6 章 社会とつながる音楽家 105

　しかし音楽家養成のモデルがこのように長く継承されると、いくつか問題を生じてしまいます。そのひとつは、すべてを過去に向けてしまうことです。つまり、教員たちが学生たちにどのようなスキルを修得させるべきなのかを考えるとき、どうしても自分の経験を基準にしてしまいます。そして教員たちは、自分たちを基準にしてスキルを高めて磨くことを考えては、カリキュラムの工夫に精を出してしまうのです。ところがそのときには、ここ最近で世の中が相当に変化してしまったことが、まったく忘れられてしまっているのです。

　もうひとつの問題は、このモデルが前提にしているのが、仕事がきちんとできれば、期待していた結果が得られるという思い込みです。すばらしい演奏をした学生は、将来にもすばらしいキャリアが約束されていて、それなりの演奏しかできない学生には、それなりのキャリアしか保証されないものと考えられているのです。しかしこのような思い込みも、経験上そう思われてきただけなのです。

　将来への期待と実際の結果がつながっていないことの理由は、たくさん考えられます。例えば、以下のようなものがあります。

・学生と（あるいは）教員が非現実的なキャリアを期待している
・レッスンを受けている学生が将来のキャリアに向けてきちんと準備をしていない
・学生がキャリアを選択しているのではなく、キャリアが学生を選択している
・学生自身が欲しているものと考えていることが、実は実際に欲しているものではない
・自分たちが社会に提供できると思っていることと、社会が音楽家に期待していることが一致していない

　この最後の理由からは、学生たちが既成のキャリアばかりを追求したときの危険が想像できるでしょう。つまり、社会の求めに応じることばかりを考

えてしまうと、社会を変革するリーダーにはなれずに、周りの世界に追随してしまうようになるのです（Carruthers, 2009）。

期待したキャリアと現実に結果となるキャリアとのギャップが明らかになるやいなや、音楽修業の退屈さや、なかなか目標に到達できないもどかしさばかりが気になりだします。大学のカリキュラムにはあまりに多くのこと（おそらく音楽史や音楽理論）が含まれ、そして他のこと（おそらく起業教育や音楽テクノロジー）があまりに含まれていません。実はこのようなカリキュラムこそが、きわめて問題なのです。例えば、音楽家たちは自分が生活し働いているコミュニティに、どのような貢献ができるのでしょうか？　このような貢献は時代とともに、どう変わっていくのでしょうか？　学生たちはどうしたら、こうした新しい課題に挑戦できるのでしょうか？

現代社会におけるクラシック音楽家

世界は急速かつ劇的に変化しています。かつて正しいと思われていたことが、今では誤りであるということが多々あります。音楽大学のカリキュラムもしかりです。今や音楽大学を卒業した演奏家が、チケットを購入してくれた聴衆を前にクラシック音楽を熱演している姿は、もはや想像できないからです。クラシック音楽のひとつの分野だけの専門家である（これは19世紀の産物です）という時代は、よほど特殊な場合を除いて、もう終わってしまったのです。例えば、リサイタルをするにしても、ビジネス感覚、柔軟なレパートリー、そして聴衆とステージとの相互交流を促すコミュニケーション力が求められています。

1970年代までの芸術や芸術教育では、専門家になることが良いとされてきました。ソリストとしての仕事するために必要なスキルが重視され、音楽修業の主たる目的も、演奏家という人的資本に向けられてきました。まさしく競争的な環境において成功を収めることのできる演奏家の養成でした。個人の育成、うまく演奏できるスキルの修得が第一であって、その他のことは二の次で、最初の目的の役に立つことばかりが重視されたのです。

第6章 社会とつながる音楽家 107

　しかし20世紀の終わりになると、多くの音楽大学で、こうした音楽修業に対する考え方が変わりはじめたのです。「すべての人に音楽を」という音楽教育と音楽学習の民主化が、音楽家の仕事を変え、ヨーロッパのコンサート中心主義も見直されました。地域の音楽活動の活性化をめざすプログラムでも、個人からグループへと対象を変化させたのです。またよい演奏家の養成よりも、他のすべてをさしおいてでも、学生自身や他の人たちがいい人生を送れるように教育することを、音楽大学は目標にするようになったのです。

　こうした変化の中で、音楽家がICTに強いことが重要な役割をします。コミュニティを活性化して維持していくうえで、テクノロジーが果たす役割を強調して、しすぎることはありません。テクノロジーはあらゆる場所で、音楽活動への参加を促してくれるからです。児童・生徒であっても頼りになるソフトウェアを使えば、手の込んだ音楽を作曲することもできます。とにかく、ますます多くの人が、インターネットを通して、必要なときに世界中の音楽にアクセスできるようになったのです。

　別の言葉で表現するならば、音楽の生産と消費がいつ、どこででも行えるようになったことで、音楽家の役割もたちまちにとめどもなく広くなったのです。そうなると好奇心の強い音楽教員なら、学生たちの人生において、これからの音楽が果たす役割は何かと、再度問うてみるでしょう。音楽学者なら、音楽の「意味」がコンテクスト、すなわち音楽が享受されたり、伝達されたりする時代や場所から切り離せないことを、よく知っています。演奏家ですらも、社会の関心に応え、急速に変化する世界において、社会を変える役割を担うために、こうした問題について議論することも厭わなくなっています。

　現実的には、カナダ（やそのほかの国）の音楽家は、演奏家になるための特別な教育を受けた人も含めて、自分たちが住んでいるコミュニティにさまざまなサービスを提供しています。かつては何でもできるということは専門家ではなく、アマチュアであるとみなされていましたが、今ではこの汎用性こそが音楽家の競争力の源になっているのです。しかも汎用性というのは、一朝一夕に獲得できるものではなく、積極的に教えてもらったり学んだりし

ないと修得できません。学生たちも早い段階から、音楽、学問、テクノロジー、起業、ネットワーキングなどのスキルを修得するようにしなくてはならないでしょう。これらのスキルを組み合わせて使用するときが、きっと来ます。

　早くから時代を先取りしている彼らは、ネットワーク作りにつながる活動を、大学以外でも精力的に継続しています。教会やレストランで演奏し、音楽教室で教え、楽器店で働き、結婚式や葬式で演奏し、合唱団や（自前の、あるいは他人の）ブラスバンドの指揮をして、青少年センターや老人施設でボランティア活動をしています。これらは有償だったり、学外活動科目の単位になったりもしますが、自分が必要であると感じてやっている場合もあります。こうした活動が、実社会に隠れているチャンスの発見につながるわけです。こうしたさまざまな活動に参加することで、学生は現代社会で音楽家が担う役割や責任に気付き、またそれを学んでいくのです。

カナダの音楽大学・学部

　カナダの音楽高等教育は、音楽大学と総合大学で行われています。例外はケベック州で、ここにはヨーロッパ大陸のモデルに従って、音楽大学や総合大学の他に、コンセルヴァトワールもあります。

　カナダでの音楽高等教育の規模は実に多様です。2007/8 年の時点で、ケベック州[4]のレノックスヴィルにあるビショップ大学では、全部で 45 人の学生のために、3 人の専任教員と 15 人の非常勤講師を採用しています。この対極にあるのがモントリオールのマギル大学で、先ほどと同じ年に、学部と修士の学生 825 人に対して、50 人の専任教員と 150 人の非常勤講師を採用しています。カナダで最も大きい 5 つの音楽学部（モントリオール、マギル、ウェスタン、トロント、ブリティッシュ・コロンビア）は教授連合体を組織しており、ここには 185 人の専任教員、460 名の非常勤講師が加入して、3000 名を超える専攻学生の教育を担っています。カナダにはこの他に、音楽の学位を出している音楽大学や総合大学が 40 以上あります。

こうした選択肢の豊かさが、高度な音楽学習の可能性を多様かつ豊かなものにしています。ある学生は、小人数クラスの親密さ、協力的な同級生や学生と教員との相互交流などを考慮して、小規模な学部を選択しています。他方、競争、ネットワークの可能性、実力主義や大都市ならではのチャンスの多さを重視する学生もいて、大規模な学部を選択しています。学生たちは慎重に大学を選び、異なるタイプの学部から、自分にとって最高の教育の場を見つけ出しています。

カナダの音楽大学の学費が比較的安いということは、特筆に値するかもしれません。州政府が高等教育を相当程度補助していて、（通常は多額の割増金を支払う）留学生の場合でも、アメリカよりもはるかに安くなっています。もっとも教育は州政府の管轄下にありますので、留学生が得られる支援のレベルや範囲は、州によって大きく異なります。

カナダにおける音楽の生産と消費

カナダでの音楽の仕事について考えるとき、この国の音楽の生産と消費のレベルを知っておくことは重要です。もっとも学生たちは需要と供給を考えて、プロの音楽家になりたいと思っているわけではありませんが。30 年近くも前のことになりますが、カール・モーレイは『音楽の仕事：カナダの学生のためのガイド』の中で、こう言っています。

　　　この国の今後 25 年間のオーボエ需要に関する市場調査をしてから、オーボエを専攻するのを決めたり、やめたりしたという人がいるだろうか！　音楽家になりたい動機はさまざまだろうが、このような調査結果を見たりはしないものだ。(Green et al., 1986, p.177)

そうはいっても、学生たちが自分たちの雇用の機会を確かめたくなるのも理解できます。音楽の世界はヨーロッパ諸国では相当に変化しているのですが、カナダの状況はまだまだ安心できます。

ポピュラー音楽のコンサートに参加する人の数はここ数年一定ですが、ク
ラシック音楽のコンサートに参加する人口はわずかながらですが、しかしは
っきりとした増加の傾向を見せています。1992年には8.4％でしたが、
1998年には9％、2005年には9.5％（250万人）になりました。カナダの総
人口も増加していますので、このパーセンテージは実人数の増加を意味して
います。例えば、すべてのジャンルについてレコードを聴いた人の数は、
1992年と2005年の間で2.2％増加していますが、人口そのものが増加して
いますので、実人数では25.8％の増加となります（Hill Strategies, 2007）。
　音楽の消費の増加も、音楽生産、文化・サービス産業の高まりを受けたも
のです。文化芸術関連で雇用される人の数も1980年代と1990年代にめざ
ましく増加し、いくつかの分野では劇的です。
　カナダ産業審議会の2008年8月の報告によれば、カナダの文化関連分野
は（必ずしもオーボエ奏者を必要としなかったのですが）劇的に増加を続けて
いました。

　　　カナダの文化芸術産業には2003年に61万6,000人が雇用され、全
　　　雇用者数の3.9％を占めています。…審議会の予想では、2007年に
　　　は110万人の雇用があるだろうとしています。（Conference Board, p.iii）

　そして実際に2007年の文化芸術産業は、GDPで8400万カナダ・ドル*5、
カナダ全体のGDPの7.4％に相当する結果を残しました（Conference Board,
p.iv）。
　現代のカナダにおける文化芸術分野の雇用の見込みはいいのですが、しか
し課題もあります。音大卒業生の雇用状況は、他の分野ほどよくありません
し、収入レベルも一般的に高くありません。2007年の時点で、学部卒の音
楽家の平均年収は23,700カナダ・ドルですが、他の分野の学部卒の平均年
収は36,000カナダ・ドルでした。音大卒の未就職率は12％で、他の分野の
学部卒の未就職率は8％でした。
　これらの数字だけを見ると興ざめなのですが、だからといって、音楽以外

の分野で成功できるチャンスがあるからと言って、若者が別の分野を選ぶようなことはありません。報酬面ではあまり満足できないのかもしれませんが、音大生のほとんどは音大に入学したことを後悔していません。次の表は、音大卒とそれ以外の大学の出身者の仕事の満足度を比較した、カナダ政府の調査結果の要約です。これらの数字を見る限りでは、音楽の仕事をするにしても、それ以外の仕事をするにしても、音大卒業生は自分のこれまでの音楽修業をきわめて高く評価していることがわかります。

質　　問	「はい」と答えた割合	
	音大卒（%）	他大学卒（%）
もう一度同じ大学（学部）に入学したいですか？	88	78
今の仕事に満足していますか？	77	89
今の仕事は大学時代に学んだことと一致していますか？	37	52
今の仕事は物足りないですか？	29	34

表：音大卒と他大学卒の仕事満足度の比較（Job Futures, 2007, p.2）

　すでに述べたように、文化芸術の分野で雇用されても収入はあまり高くないのですが、仕事によって収入はまちまちです。指揮者、作曲家、編曲家などの平均年収は、1995年には30,381カナダ・ドルでしたが、2000年には27,381カナダ・ドルに下がっています。これは10%、3000カナダ・ドルの減収に相当します。同じ期間に、器楽奏者や歌手（例えば、器楽奏者の場合は「アメリカ音楽家連盟」、歌手の場合は「俳優組合」によると）の平均年収は、1995年には13,718カナダ・ドルでしたが、2000年には16,090カナダ・ドルと、17%増加しています（Singh, p.4）。「俸給データによりますと、文化関連の職業のほとんどが」、確かになかにはかなりの収入を得ている人もいるのですが、「収入を得られるすべての職業のうち（年収30,000カナダ・ドル以下）の下半分に位置しています」（Luffman, 2001, p.4）。こうした理由から、多くの音楽家たちは演奏の仕事を第一にしつつも、器用さを売りにして、他の仕事もひとつ、あるいは複数持っているのです。以下では、かつての仕事

の王道である、オーケストラ・プレイヤーと大学教員に焦点をあてて、考察してみたいと思います。そうすれば、カナダにおける音楽の仕事の変化をつぶさに見ることができるでしょう。

音楽の仕事の王道

・オーケストラ・プレイヤー

　「オーケストラ・カナダ」はカナダで活動する 80 以上のオーケストラを代表する組織で、オーケストラの団員や経営陣のために研修プログラムやネットワークを提供しています。加盟オーケストラのうち、いくつかはアマチュアや地域のオーケストラですが、その他はコアメンバーだけがプロという団体と、全員がプロであるという団体です。国際的に有名な「ターフェルムジーク Tafelmusik」は古楽のアンサンブルです。

　「オーケストラ・カナダ」が提供しているサービスのひとつが、オンライン上に開設された、誰でも閲覧できる就職サイトです。2008 年の 1 月から 4 月までの就職サイトを一覧するだけでも、カナダでの求人状況をイメージできるでしょう。この期間中に、弦楽器では全部で 16 のポストが募集されていました（ヴァイオリン 10、ヴィオラ 3、チェロ 2、コントラバス 1）。場所は、ブリティッシュ・コロンビア、アルバータ、オンタリオ、ケベックの各州で、サスカチュワン、マニトバ、イースタン・カナダの各州には空きはありませんでした。管楽器と打楽器の募集は一か所だけで、トロント交響楽団に第 2 ファゴット奏者の募集がありました。常勤のポストの数はとても少ないという事実は、プロの演奏家が演奏する機会がまったくないということを意味するものではありません。しかしオーケストラは団体とともに団員も、自分たちが仕事に対して何を期待しているのかを、もう一度よく考えてみなければならないでしょう。

　2002 年に「オーケストラ・カナダ」は、カナダのオーケストラの現状に関する研究を独自に委嘱しました。第 1 フェーズはステークホルダーへのインタビュー調査（Chandler & Ginder, 2003, 4 月 30 日）、第 2 フェーズは第 1

フェーズの調査結果をテーマにして、2003年7月に開催された全国会議でした。そして第3フェーズでは、第1フェーズの調査結果に基づいて、30の提言が行われました。それにしても、「昔のよき日々」への憧れという思い入れは、最初のレポートにある次のような文章にもありありと見られます。

> 数少ない例外を除いて、カナダのオーケストラの団員は、これまでの修業や経験に比べて、給与面では比較的恵まれていません。その結果、採用や楽員の数の減少もさることながら、音楽やそれ以外の仕事で、アルバイトをすることが多くなり、練習やリハーサルの時間が削られています。（Chandler & Ginder, 2003, 4月30日）

　プロの演奏家というのは、他の人を楽しませる演奏だけをしていればいいのだという思い込みが、ここに垣間見られないでしょうか。またプロの演奏家の生活は、練習、リハーサル、そして本番がすべてであって、それ以外の仕事は煩わしくて、歓迎されないものだという考え方が残っていないでしょうか。

　このような考えも今では以前ほど強くありません。演奏家から見ても限界がありますし（ひとつの仕事だけだと儲けは限られています）、聴衆から見ても抜き差しならぬ限界を感じさせてしまうからです（他の人がいるからこそ演奏できるのです）。互いに交流することにさほど関心のない若い世代にさえも、たやすく受け入れてもらえないでしょう。必要がなければサービスを必要としない10代や20代の人々にとって、オーケストラの演奏会というのは、他人が作り、構成し、演奏した音楽を聴くという、まったくの受け身の状態におかれてしまう時間であって、それほど魅力的ではないでしょう。こうしたことが、世界中のオーケストラが必死になって、自らを反省しなくてはならない状況に追い込まれた理由のひとつなのです。

　オーケストラは聴衆を呼び戻すために考え直さなくてはなりませんし、演奏家の方も、仕事の見込みを増やすためだけでなく、満足できる仕事をするためにも、再考しなくてはなりません。プロのオーケストラでずっと仕事を

したいとかつて思っていた演奏家も、今ではどんどん仕事を広げて、フリーランスで仕事をする人が増えています。特に、大都市やその近郊にいる演奏家がそうです。例えば、トロントやその周辺では、劇場、オペラ、バレエ、現代音楽や映画などで演奏する機会も多く、これらの仕事はたいていパートタイムかシーズンごとの契約です。こうした機会で得られるものは、臨時収入だけではありません。多くの音楽家が求めるダイヴァーシティ（多様性）も、そうです。ひとつのオーケストラで30年も40年も演奏していると、給与面や音楽面での浮き沈みを経験するものですが、誰かれに言われることなく自分らしく生きようと思っている音楽家とは、意気投合することはないでしょう。プロとして自分の意思で生きらえることが、多くの演奏家にとって魅力ある生き方だからです。

　多くのオーケストラ楽員は補助的収入としてレッスンをしていますが、そこでしばしばプロとして刺激を受ける経験をすることもあります。音楽大学で非常勤で教えたり、個人レッスンをしたりすることもありますが、そこでの常勤職はオーケストラ団員にとっては魅力的な仕事のようで、希望する人も増えています。ある音楽大学ですが、クラリネットの教員の募集を最近したところ、3人の候補者のうち2人は、キャリア・チェンジしたいというオーケストラ団員でした。ひとりは30代前半で、もうひとりは50代でした。ふたりにとって、オーケストラで働いていたときよりも安定した収入を求めてのチャレンジのようでした。音楽家が積極的に多様な仕事を求めている例は、本書の第8章でも紹介されています。

・大学教員

　大学の音楽教員の募集状況は、年によって随分と異なります。カナダで募集されている教員の数や専門は、『大学事情』（カナダ大学協会から出版）と『カナダ大学教員協会紀要』（カナダ大学教員協会から出版）に掲載されています。例えば、2007年11/12月には、17の大学教員のポストが公募されていて、多くが2008年夏からの採用です。募集された教員ポストのいくつかは個人レッスンを、残りはクラス授業を担当する教員です。ひとつだけが大学

第6章　社会とつながる音楽家　115

経営に関するポストでした。ほとんどが試用期間ありの終身雇用ですが、いくつかは育児、サバティカル*6、休職による代替教員だったりします。以下に、各ポストの特記事項を整理しておきました。

- 個人レッスン（作曲、指揮を含む）：クラリネット、ヴァイオリン・ヴィオラ、伴奏ピアノ、作曲、ジャズ・ピアノ、ジャズ・ベース、ジャズ・ヴォーカル、声楽、オーケストラ指揮
- クラス授業（大学経営を含む）：学部長、音楽民族学、メディア・ポピュラー音楽、音楽心理学、音楽療法、音楽理論

　各大学のポスト数は、ウェスタン・カナダ4、オンタリオ10、ケベック2です。ブリティッシュ・コロンビアとアルバータでは募集はなく、イースタン・カナダではひとつだけでした。

　大学教員の労働条件は一般的にとても良いです。標準的な授業時間数は1週あたり18時間を超えることはありません（通常は12時間か15時間）。また1年は通常2学期からなり、1学期は4か月です（9月〜12月、1月〜4月）。春あるいは夏の講習が通常の年間授業の一部あるいは追加授業と見なされない限り、5月から8月の間は自由で、演奏や研究を行ったり、夏期講習会で教えたりすることができます。

　オーケストラの団員に一般的には教えることは要求されていませんが、大学の教員には演奏家であり続けることが期待されています。終身雇用（テニュア）と昇進のための研究業績審査では、審査委員は候補者が演奏した会場などを調べます。例えば、放送の場合は、地域放送、地方放送、全国放送であるのか、演奏会は自主演奏会なのか、シリーズの一部なのか、CDは国内のみの販売か、国外でも販売されているか、そして商業系レーベルか、独立系レーベルであるかなどです。そしてたいていの大学ですべての教員に対して、現在の演奏活動についても高いレベルが期待されています。

　教授活動と演奏活動の他に、カナダの大学教員にはコミュニティへの貢献も求められています。教員のこうした責任の配分は、伝統的に、教育40％、

研究（創作、演奏を含む）40％、コミュニティへの貢献 20％です。今ではこ
れら 3 つの活動を総合的に判断する動きが広がっています。教育、研究・
演奏・創作、社会貢献を判断する際に、旧いモデルでは現実的かつ便利であ
るという理由から、次のふたつの点が重視されていました。ひとつは、これ
ら 3 つの活動を分けて考えること、もうひとつは、これら 3 つを順位付け
することです。しかしカナダでは、大学と社会のより幅広いつながりがいつ
も重視されてきましたので、大学教員の評価に際しても、総合的でかつひと
つに偏らない方法が普及しています。別の言葉で表現するならば、大学教員
の役割とコミュニティでの役割とが同等に扱われているのです。

　ここまでは、音楽家の伝統的な仕事であった、オーケトラで演奏すること
と大学で教えることが、どのように変化してきたのかを見てきました。次の
ケーススタディでは、こうした過去の状況から新しい仕事が誕生している例
を、紹介したいと思います。

ケーススタディ──マリーの場合

　オーケストラ、大学、レコード会社、音楽出版、そして音楽業界の他の分
野は、グローバリゼーション、すなわち新しい経済世界と主にテクノロジー
によって推進される新しい秩序と、うまく歩調を合わせて発展しています。
同じように、プロティアン・キャリア*7 を歩む音楽家の誕生も、変化する
社会や個人の価値観を反映しています。本書の他の著者たちも述べているよ
うに、この新しい種類のキャリアは今ではもう普通になっています。個人の
好みから労働市場の要求まで、その理由はさまざまですが、今では数えきれ
ないほど多くの音楽家が、音楽の幅広い仕事に、絶え間なくあるいは同時に、
従事しています。実際に、さまざまな企画したり実行したりする能力が、労
働市場ではきわめて高く評価されているのです。さまざまな活動をミックス
して、内的（個人的）あるいは外的（社会的）要求に対応することで生活が
頻繁に変化することも、決して珍しいことではありません。多くの音楽家に
とって最終の目標は、私生活と仕事を統合して、パートナー、家族、そして

第 6 章　社会とつながる音楽家　117

仲間の共同体において、音楽の充実した仕事人生を歩むことなのですから。第 2 章でパーキンスが、満足できるキャリアについて説明をしてくれています。

　次に紹介するケーススタディは、種々雑多な仕事をしながらでも、どうしたらユニークで自分も満足できるアイデンティティが得られるのかを教えてくれます。人はものごとを選択することで自らのアイデンティティを築いていくものですが、そのような選択は人生を通して行われます。現代のように音楽家の仕事の可能性が広がっている中で、ある特定の仕事に落ち着いてしまって、新たなチャンスを求めることなく人生を送ることは、もはやありません。このケーススタディは学生と討論するいい材料になるはずです。主人公マリーはときにうまく周りに順応して最適な状況を生み出したり、ときに先を見たりして、新しい状況を創り出します。つまり、彼女は自分の仕事を型にはめて考えたりはしないのです。

　マリーは 1998 年音楽学部を卒業して、さまざまな仕事を経験します。卒業後の 2 年間は、地域の合唱団をボランティアで指揮しました。同じくボランティアで、伴奏をしたり、別の合唱団の副指揮者をしたり、さらに高校で音楽劇の監督もしました。さらにシンガーソングライターのバックコーラスで歌い、しばしば演奏旅行や録音にも参加しました。一方で彼女は卒業の年に、女性室内合唱団の設立メンバーのひとりとなり、卒業後もこの合唱団とはいっしょに仕事をしています。そのほかにも、教会の合唱団などでも歌い、現地在住の作曲家のオペラ 2 作品にも出演したことがあります。彼女はまた声楽を教え、声楽のピアノ伴奏もします。しかし主たる収入源は、音楽に関係していますが、演奏によるものではありません。彼女は大学の音楽図書館で正規職員として働いていたのです。しかもこの仕事は在学中からアルバイトでしていた仕事でした。

　2001 年にマリーは「カナダ室内楽合唱団」の設立メンバーのひとりになりました。この合唱団は全国からオーディションで選ばれたメンバーで構成され、毎年 2 回、カナダのどこかの地域で演奏会を開催します。メンバーになると、リハーサル、演奏会、そしてワークショップの仕事をしなくては

なりません。ボランティアですが、合唱団の音楽監督として、彼女は資金計画を立て、国内の演奏ツアーを企画しました。またオーディションの準備をしたり、名簿を管理したり、収入増のための助成金申請の企画を練り、書類を書き、広報のためのウェブサイトや報道資料を作成しました。

2001年に彼女は夫ジャクソンと3人の友人とで、「ダスト・ポエッツ Dust Poets」というフォーク・バンドを結成し、そこで彼女は歌を歌い、アコーディオンも担当しました。この団体は精力的に、カナダとアメリカでツアーを実施しました。そして2010年9月には、イギリスで初の海外公演をして、CDを4枚リリースしています。団体の運営はほとんど彼女が行っていて、さらに夫のジャクソンがレコーディング、助成金申請書の作成、ツアー予約、広報、会計、販売などを手伝っています。マリーはほかの団体から呼ばれることもあります。卒業してからの4年間を総合してみると、彼女は20以上もの音楽活動に従事し、そのうちのいくつかは現在も続けています。こうした活動が、彼女の豊かでかつ複雑なアイデンティティを培ったわけです。

2003年にはトロントに移住しました。ジャクソンが当地の大学院に入学したからです。そこで彼女は、プロの有名な合唱団で、これまでも3シーズンほどいっしょに仕事をしたことのある「エルマー・イーゼラー・シンガース」の一員となります。2007年にはマリーとジャクソンはウィニペグに行きます。地域の音楽産業の振興を担う協会である「マニトバ・ミュージック」に、ジャクソンの採用が決まったからです。ウィニペグではマリーはボランティアでしたが、ウィニペグ・フォーク・フェスティバルで働き、やがて教育・アウトリーチ・コーディネーターとして採用されます。彼女の仕事はアウトリーチ・プログラムを開発したり監督したりすることで、ボランティアといっしょに働き、営業や顧客担当の仕事も任されました。またこの期間も、「ダスト・ポエッツ」やカナダ室内合唱団とは、ツアーやレコーディングの仕事を継続していました。

筆者が本章で彼女のキャリアを概観したいと伝えたところ、彼女は次のような文章を送ってくれました。

先日あなたにお伝えしたかったのは、次のような考えなのです。とにかく多様な音楽経験を積むことが、音楽上の強みになるということです。それぞれの経験から、異なる経験をする方法や、ひとつのジャンルでひとつの楽器しか演奏していただけでは得られない多様な見方が学べたのです。クラリネットを専攻したクリスタルは、今ではカナダで大学教員になっていますが、かつてはマリアッチ楽団でクラリネットを、ジャズ・バンドでバリトン・サックスを演奏し、女声合唱でも歌い、（フォーク・バンドの）「キッチン・ウイミン Kitchen Women」で、楽器と歌を担当しました。子どもの頃はアコーディオンを勉強していましたが、最終的には他のことを捨てて、クラリネット奏者として身を立てる決意をしたのだと言います。私の場合は、いくつかの仕事を並行して続けることを選びましたので、クラシック音楽で学んだことがフォークの演奏にも役立っていますし、その逆もしかりです。実際に、それが「ダスト・ポエッツ」の特色にもなっているのです。「一流の演奏家」になるのは、何が必要なのか（ひとつのことに集中する、それともいろんなことをする？）について考えるときに、私の経験が役立つかどうかがわかりませんが、ひとつ確かなことは、多様性を保つことこそが、キャリアを持続可能にし、また人生を楽しくするのだということです。

　彼女の成功の要因は、才能や能力、そして適応力です。時間の多くを自らの音楽活動だけでなく、同時に、他の音楽家との活動や音楽団体のためにも使っていました。常に、そして同時に、複数のジャンルの演奏家であり、経営者でありました。これからも彼女のキャリアは予期せぬ紆余曲折を続けるでしょうし、大学で受けた教育はそれの準備としてしか思えなくなるでしょう。彼女のキャリアはまさに、自らでチャンスを生み出し、すばやく適応し、演奏は活動全体の一部にしかすぎないという、モデルそのものでした。この意味で彼女のキャリアは、現代の成功した音楽家の典型であると言えるでしょう。

おわりに

　マリーのキャリアの推進力となったのは、環境と希望との複雑なマトリクスでした。キャリアのそれぞれの段階では、自分が望む方向が正しいのかを反省することが常に求められました。大学のカリキュラムを設計するときは、マリーのような専門家と相談すべきでしょうね。学部 1 年生の段階から社会参加の経験をして、意味深い経験をしておくことが必要であることを、まさに彼女のキャリアが教えてくれるからです。

　最もよい方法は、コミュニティでのサービス・ラーニングです。またカリキュラムを設計する際には、大学の研究機関と連携することが大事です。学生が今住んでいるコミュニティで演奏活動すれば、それを単位認定するなり、少なくとも成績表に記載しておくだけで、彼らの社会参加の関心は高まります。またアイデンティティの一部となり、将来の仕事探しに役立つでしょう。音楽活動を通した社会参加を促し、音楽活動や教育活動がコミュニティに与える効果をつぶさに見られるカリキュラムであれば、学生たちは現代社会から離れることなく、アイデンティティを築いていくうえでの助けにもなるでしょう。さらには、社会とのつながりを保っていける生涯学習に対する意欲や手段にもなるでしょう。

　本書の他の章で紹介されているような、学生が参加しやすい体験学習は、学部教育の基礎として必要です。しかし現行の学部教育はまるで「釈迦に説法」のように、すでに芸術が社会で果たす役割をよく理解している学生や教員だけが参加しているのです。音大生の多く、とりわけ演奏の学生は、社会の問題にほとんど関心をもっておらず、今後カリキュラム設計していく場合には、彼らの気質に合わせる工夫も必要となります。その数少ない例が、カナダ中央部あるブランドン大学とカナダの東端に位置するニューファンドランド島のメモリアル大学のカリキュラムです。カリキュラムは、演奏、理論、音楽教育、デジタル・アート・メディアなどの専門から構成されていますが、学生たちには以下の 5 つを推奨しています。

第6章 社会とつながる音楽家 | 121

・音楽や音楽家が社会において果たす役割を理解し、成長段階にあるアイデンティティを自ら探索すること。レッスンと授業での会話が第1段階ですが、例えば、音楽史の授業で、社会背景を考えるにしても、準備なしにいきあたりばったりでは見つかりません。事前に授業を計画して、学生たちには振り返りを促します。実際に、ブランドン大学でのバロック音楽の歴史の授業では、ヴィヴァルディの音楽がエレベーター、レストラン、モールなどの至る所で聴こえてくることについてのレポートを書いて、どうしてこのようなことが起きているのかを説明します。音楽そのものの中に何かが隠されているのでしょうか？　表面的には定型的な曲なのにそれを誤って聴いているのでしょうか？　それとも、ヴィヴァルディの音楽を現代的に聴いてはいないでしょうか？　こうした話題を提供することで、学生たちはバロック音楽を新しい視点から聴くようになり、現代社会の中に楽曲を位置付けることができるようになるのです。

・コミュニティの成員との相互交流を促すサービス・ラーニングに参加すること。ニューファンドランド島のメモリアル大学は、普段は学校で行っているオペラ・ワークショップを、ニューファンドランドの各地の港で展開するという、「オペラ・ロードショウ」に意欲的に取り組んでいます。オペラ専攻の学生が学校とコミュニティで、ワークショップと演奏を行ないます。

　　オペラ・ワークショップ・プログラムでは専門実技教育が中心ですが、オペラ・ロードショーは学生たちにとってはプロとして成長しく過程で輝く瞬間です。またアウトリーチ活動として見れば、子どもたちを自分たちの声を使ったパワフルな未知の世界へと導き、生活のあらゆる面で生き生きとしたコミュニケーションを広げる機会を提供しています。（メモリアル大学の公式ウェブサイトより）

ブランドン大学では、学生の演奏団体が北部の農村地域でコミュニティや学校でのアウトリーチ活動する際のツアーを、地域発展研究所が手助けしています。アウトリーチ活動によって、学生たちは音楽家としての将来の仕事の一端に触れることになります。

・コミュニティの発展や民衆文化といった領域を研究している社会学の研究者と交流すること。ブランドン大学には、「フォーク、ブルース、土着音楽の社会学」という授業がありますが、授業の目標は次のように示されています。「ポピュラー文化の理論を使って、フォーク音楽の伝統を社会学的に調べます。テーマとしては、社会におけるシンガーソングライターのタイプ、マージナリティと芸術表現、サブカルチャーとしてのフォーク音楽の伝統、社会を動かす歌などです」（ブランドン大学の公式ウェブサイトより）。音楽のすべてのジャンルについて、同様の授業を想定することができるでしょう。

・将来の予期しない変化に対応するために、生涯学習のスキルを修得しておくこと。（マリーのプロティアン・キャリアのように）音楽家として将来うまくやっていくための「プロ養成コース」が開設されていて、演奏技能や資質をどのようにしたら、常時検証して、時代に合ったものにしていけるのか、その方法を考えて、将来に備えます。

・コミュニティでの公式・非公式の演奏経験を広く積むこと。ブランドン大学の「コミュニティ・ミュージック」の授業では、学生たちに「コミュニティ・ミュージックの地域、国内、国外での実践例を調査して、コミュニティ・ミュージックの意味をグローバル的に理解すること」を求めています。「授業ではコミュニティ・ミュージックに関する社会学的、文化的、歴史的、政治的、教育学的問題を検証することになります」（ブランドン大学の公式ウェブサイトより）。この科目は音楽学部のすべての学生が履修できます。コミュニティでは多くの人の協力がないと音楽家は何もできませ

んので、学生たちにとって必須の授業科目になっています。

　学生たちが将来プロの音楽家として社会に居場所を見つけたり、ステークホルダー*8 の複雑なネットワークに参加したりして活動していくためには、入学当初から、自分への気付き、自分への振り返り、コミュニティでのアウトリーチ活動など、社会とのつながりを求めるカリキュラムを設定することが大切です。こうした社会とのつながりを実践する前には、学生たちは必ずガイダンスを受けます。今から30年ほど前に語られたカール・モーリーの言葉は、今日でも貴重です。

　　学部に入学して実技のレッスンを受け始めたばかりの学生たちは、音楽の仕事がどのようなものであるのかについては、限られたイメージしか持っていないということを、忘れてはいけません。別のことに興味をもつようになったことで、本来の目標から離れるということは、人生ではよく経験することなのです。（Morey, in Green et al., 1986, p.178）

　学生たちはこれからの人生がどのような形になり、どのような方向に進んでいくのかについて、あまり現実的なありませんが、はっきりとしたイメージを持っているものです。これはそれほど驚くことではないでしょう。しかしたいていの大学のカリキュラムは、一貫した流れを欠いてバラバラです。演奏の学生たちは教員から分断され、さらに演奏の学生と教員は理論や音楽学の教員からも分断されています。

　とはいえ最近では分野間のつながりが重視されるようになっています。演奏と非演奏の学習が仕事のうえでもうまくバランスがとれて融合するのには、どうすればよいのかに関心が高まり、学部のカリキュラムも再構築されつつあるからです。理論と実践の科目が融合された学際的な学習が今では普通となり、学生たちはしっかりとしたスキルを修得して、卒業していきます。同様に、社会への参加と相互交流に対する要求も強くなり、演奏の形も変わり、

それをしっかりと維持していくためにコミュニティ作りが重要な手段になっているのです。こういったことは、都市の再生にも必要なのでしょう。多くの教育機関、オーケストラ、オペラ団体、その他の音楽機関には、コミュニティに対する責任を真剣に考えて、社会のニーズを読み取ることが求められています。

　音楽家には将来どのようなスキルが求められるのかについて想像はしてみるのですが、そこには思わぬ落とし穴があります。将来の音楽家が備えておくべきことなどは、もともと想像などできないはずなのです。だからこそ、大学や学生たちは自分たちのできることしかしませんし、ついつい想像できることしかしないのです。これはすべての音楽家にとっての課題です。どんなに時代や社会が変わっても、重要なことは変わりません（Carruthers, 2009）。

　カリキュラムと基本的指針（ポリシー）は常に時代の流れに合わせて、社会を反映していなくてはならないことを、教員、経営者、職員は肝に銘じておくべきです。社会の形や性格はたとえ1世代昔であっても、理屈だけで予想できるものではないでしょう。でも、ひとつだけ確かなことがあります。これだけは予見できる未来なのです。プロの音楽家が生き生きと活動し、コミュニティも活性化するには、社会に砦を築いて一人専門家であるかのように特権的にふるまうのではなく、適応力をもってオールラウンドに仕事をし、人々と相互に認め合える関係を築かなくてはならないということです。こうしたことを直視してカリキュラムを改革していけば、音大生の将来もきっと明るいものになるでしょう。

参考文献（現在では参照できないサイト情報は割愛してあります）

Adorno, T.W. (1962/1976). *Introduction to the sociology of music*. New York: Seabury Press. ―― Th. W. アドルノ『音楽社会学序説』高辻知義、渡辺健訳（音楽之友社、1970年／平凡社［平凡社ライブラリー］、1999年）

Adorno, T.W. & Simpson, G. (1941). On popular music. *Studies in philosophy and social science*, ix, 18-48.

Carruthers, G. (2008). Human, social and creative/community capital in the training of professional musicians. In D. Bennett & M. Hannan (Eds.), *Inside, outside, downside up: Conservatoire training and musicians' work* (pp.37-47). Perth: Black Swan Press.

Carruthers, G. (2001). A status report on music educaton in Canada. In S.T. Maloney (Ed.), *MUSICANATA 2000: A celebration of Canadian composers/Un homage aux compositeurs canadiens* (pp.86-95). Montréal: Editions Liber.

Frith, S. (1996). *Performing rites: On the value of popular music*. Oxford: Oxford University Press.

Green, J.P. & Vogan, N.F. (1991). *Music education in Canada: A historical account*. Toronto: University of Toronto Press.

Green, Y., Sauerbrei, O., & Sedwick, D. (Eds.). (1986). *Careers in music: A guide for Canadian students*. Oakville, ON: The Frederick Harris Music Co.

Kerman, J. (1985). *Contemplating music: Challenges to musicology*. Cambridge, Mass.: Harvard University Press.

Loesser, A. (1954). *Men, women and pianos: A social history*. New York: Simon & Schuster.

Raynor, H. (1976). *Music and society since 1815*. London: Barrie & Lenkins. ―― H. レイノア『音楽と社会：1815年から現代までの音楽の社会史』城戸朋子訳（音楽之友社、1990年）

Raynor, H. (1972). *A social history of music from the Middle Ages to Beethoven*. London: Barrie & Jenkins.

Shepherd, J. (1991). *Music as social text*. Cambridge: Polity Press.

Shepherd, J., Virden, P., Vulliamy, G., & Wishart, T. (Eds.). (1977). *Whose music? A sociology of musical languages*. London: Latimer.

Shepherd, J. & Wicke, O. (1997). *Music and culture theory*. Cambridge: Polity Press.

Small, C. (1977). *Music-Society-education*. London: Calder.

訳注

＊1　テオドール・アドルノ（1903-69）は、ドイツの哲学者、社会学者、音楽学者、作曲

家。

* 2 ニュー・ミュージコロジーとは、1980年代に、後述するジョゼフ・カーマンが主張した、新しい音楽学の潮流。従来の資料研究を中心とした実証主義的な音楽史学を批判し、ジェンダー論、ポストコロニアム、カルチュラル・スタディーズなどの新しい方法論による音楽史学の再考を促した。

* 3 ジョゼフ・カーマン（1924-2014）は、アメリカの音楽学者。上述したニュー・ミュージコロジーの提唱者として有名。

* 4 ケベック州はカナダ東部の州のひとつ。公用語はフランス語のみで、他の州からの独立志向が強い。

* 5 カナダ・ドルはカナダで使用されるドル通貨。2018年4月現在、1カナダ・ドル≒83円。

* 6 サバティカル sabbatical とは、長期勤務者に与えられる有給の長期休暇のこと。

* 7 プロティアン・キャリアについては、本書の第8章を参照。

* 8 ステークホルダー stakeholder とは、企業や行政などの機関の利害関係者のこと。

リーマンショック後の状況

　この章を執筆してからの 10 年間に、音楽大学・学部等に進学する人の数が減少しはじめました。特に小規模な大学・学部での入学者が減少しており、この減少傾向は、大学・学部の抜本的なカリキュラム改革をしない限り、衰えることがないでしょう。これに付随して、ステム STEM 系の学部〔訳注：科学 Science、技術 Technology、工学 Engineering、数学 Math の 4 分野〕への入学者が増加しているのには、相関関係があると思われます。例えばオンタリオ大学では、2012 年から 2016 年の間に、数学学部への入学者が 33.8％増加しましたが、音楽学部への入学者は同じ割合で減少しました。

　もちろん音楽を勉強しようと思っていた高校生全員が、数学を選んだというわけではありません！　しかし同じ時期に、工学部への入学者は大幅に増加し、また科学や農学部の入学者も微増しています。音楽のみならず他の芸術分野全体から科学の分野へと、若者の関心が総体的にシフトしているのでしょう。政府が卒業後に必要なエンプロイアビリティを早くに修得することを推奨したり、音楽学部が高等教育全体のニーズや関心にいかに対応できていないかに言及したりしたことで、この傾向に拍車がかかってしまいました。高等学校の多くの音楽教師が、私にはっきりと言っています。いい生徒が音楽大学に行かないのは、今日の生徒にとって音楽大学での教育内容が堅苦しくて、時代遅れと感じているからだと。

　しかし改革は現在進行中です。私の勤める大学でも、コミュニティ・ミュージックの分野で新しい学科や専攻を設立し、多くの学生を集めて、演奏、音楽教育、音楽理論や音楽史といった、従来の分野の不足分をある程度補っています。さらにオンラインで科目の多くを提供しているポピュラー音楽の学科にも、多くの学生が入学してきます。鍵となるのは、学生をどれだけ入学させればどれくらいの収益につながるかという、価格モデルなのです。おそらく今後も広く大衆受けする科目を、どんどん提供していくことになるでしょう。市場でシェアを維持するためには、大学は公共機関や企業などとの連

携を充実させ、推進していかなければならないでしょう。こうした連携が大学と社会との連携も強化します。

　新しい教育分野や社会連携は、社会や職業における体験学習をしばしば前面に押し出しますが、これも生徒や学生たちが多様化していることのあらわれです。多くの音楽大学・学部は、これまでは恐ろしいほど排他的でしたが、今ではかなりいろんなものごとを受け入れることができるようになっています。そして卒業する学生たちに対しては、創造的な仕事に向かうにあたって今後経験する荒波を渡っていけるだけの能力を、彼ら・彼女たちが十分に持っているということをしっかりと伝える責任があるでしょう。

第7章　時代の変革と生涯学習へのチャレンジ

リネーケ・スミルデ

　この章では、ヨーロッパの音楽界における変革をテーマにしたいと思います。この変革がこの地域で働く人たちにとってどのような意味を持っているのかを、特に考えてみたいと思います。音楽生活とキャリア、国際的流動性、音楽の専門教育といったテーマを見ても、ヨーロッパといっても、決してEU[*1]の加盟国だけを考えればといいというわけではありません。むしろ音楽家にとってのヨーロッパというのは、ボローニャ・プロセス[*2]によって高等教育の統合に参加している47の国の全体であると言えるでしょう。この章で紹介する調査にも、ボローニャ・プロセスの参加者やEU加盟国（現在は28ヵ国）を対象としたものがあります。

　ここでは、ヨーロッパの音楽生活の変化と、このことが音楽家のキャリアにとって何を意味しているのかを追跡します。すなわち、音楽の高等教育はこの変化にどのように対応しているのか、そして生涯学習という考え方が、今の課題を考えるうえで、どのように重要な役割を担っているのかです。また個人史的研究を紹介して、音楽家の生涯学習[*3]についての考察もします。こうした考察を踏まえて、音楽大学において「生涯学習の環境」を整備するための方策を提案したいと思います。

時代の変革と生涯学習へのチャレンジ

　ヨーロッパの音楽家は社会や文化の大きな変革期に直面していますが、音楽の職業も同様の変化に直面しています。この急速な変化が音楽家のキャリアそのものにも変化を迫っています。例えばプロの音楽家も、かつては音楽大学やオーケストラに確固たる仕事を得ていましたが、現在はもはやそのような状況にはありません。ヨーロッパでこうした正規の仕事が減少した理由のひとつが、文化芸術分野の資金調達の変化が挙げられます。クラシック音楽の諸機関が支配力を失い、他の音楽スタイルが人気を得たことで、文化や生活の仕組みがこれまでとは違ってきているのです（Prchal, 2006）。その結果として、ヨーロッパの音楽家はキャリアをより柔軟にし、セルフ・マネジメント *4、意思決定、ビジネスで使用される汎用的スキル *5 を修得する必要に迫られているわけです。

　ヨーロッパ以外でもそうですが、ヨーロッパの音楽家もたいていは、複数の仕事をかけもちして、異なる文化的コンテクストに身を置き、さまざまな役割を担っています。彼らの労働環境もまた、ますます国際的になっています。実際のところ、ヨーロッパにおける音楽関係の仕事の最も重要な変化は、音楽家が自ら起業して個人事業主となり、ひとつの場所に定着しない働き方、すなわち、ポートフォリオ・キャリアが普及したことでしょう。生涯ずっとひとつの仕事で（あるいはある時期にひとつの仕事で）雇用されて働くことが珍しくなり、音楽家たちは複数の仕事で短期間あるいはパートタイムで雇用されて異なる場所で働くという働き方を続けています。また仕事が重なりあっているので、ヨーロッパの音楽産業界の状況を正確に描くのも困難になっています（Rogers, 2002）。

　ポートフォリオ・キャリアで働く音楽家を正確に描くことはできないのですが、ヨーロッパの音楽大学の卒業生調査からは、プロティアン・キャリアの人が増加していることがわかります。オーストラリアと同じですが（Bennett, 2008）、役割の最も一般的な組み合わせは、演奏家と教師です。ポ

第7章 時代の変革と生涯学習へのチャレンジ | 131

ートフォリオ・キャリアというのは、音楽家が雇用されないということを意味するわけではありません。むしろ、これは社会の変化を反映していて、やりがいのあるチャレンジになっているのです。ミアースは次のように言っています（Myers, 2007, p.4）。

　　プロの音楽家の職業生活やそのエネルギーを維持していくうえで、ポートフォリオ・キャリアというのは、音楽家たちの生涯学習の意識を高めるという役割を担っています。さらに、少なくとも成功したと考えている音楽家の幾人かは、自分の音楽技能を維持するためにも、社会に何かを期待するのではなく、社会に価値を加えることで成長してきたと考えています。このことは、現代社会において音楽家はどうあるべきかという問いに、早くから取り組むことの必要性を示しているでしょう。学生たちがこうした問題を分析的に考えるには、彼らに系統立ててさまざまな機会を提供してあげることが大切です。こうすることで学生たちは、職業人生においては意欲的な取り組みと、それを補う取り組みとを組み合わせることが必要であることを知ります。そのためには知識とスキルを交流させる生涯学習という手助けが必要であることも知るのです。これは、これまで言われてきたこととは少し異なるかもしれません。音楽家として生き残ろうとすれば、やりがいがあると思われる仕事とやっつけ仕事の双方を、とにかく手当たり次第にやっていくしかないと、これまでは思われていたからです。

　実際に、ヨーロッパではますます多くの音楽家が文化芸術の他の分野（ビジネス、医療福祉、少年院の若者、教育プロジェクトなど）で協働しています。これによって新しい種類の芸術活動が創造され、貴重な機会も提供されているのです。
　プロの音楽家に対する要求はますます高まり、同時に音楽的にも教育的にも、質の高い演奏がますます要求されます。しかしここで問題が生じるので

す。将来の音楽家（や彼らを教育する教育機関）はこうした新しい能力の要求に、どう対処すればいいのでしょうか？　プロの音楽家としてうまくやっていくのは、決して容易な仕事ではありません。しかし第3章でビーチングが指摘しているように、才能があって高い音楽的スキルをもっているだけでは、十分ではないのです。「ヨーロッパ音楽大学協会 AEC」が実施した、音楽家の継続した職業能力の発達と音大卒業生のニーズに関する調査によれば (Smilde, 2000; Lafourcade & Smilde, 2001)、音楽大学の卒業生はプロの音楽家になるやいなや、第4章でウェラーが概略してくれたような課題に直面するのです。

　これからのプロの音楽家はこれまで以上に、次のような問いと向き合わなくてはなりません。すなわち「急速に変化して新しくなる社会や文化において、いかにして柔軟に対応して、チャンスを見つけ出すか」です。そして学生たちがこれを成し遂げるには、連続的に変化する状況から生み出されてくるニーズに対応できるように、生涯学習という考え方を身に付けることが大切なのです。生涯学習の考え方は、創造的かつ適応力を養う教育方法を開発することにも活用できるでしょう。そうすれば学生たちは、柔軟に、適応力をもって、プロテイアン・キャリアを積極的に歩むための準備ができるようになるでしょう。

　生涯学習というのは、「経験を知識、スキル、資質、価値、感情、信念、感覚に変える生涯にわたるプロセス」(Jarvis, 2002, p.60) です。こうした学習を通じて、人は学校教育では得られない知識、スキル、資質を獲得することになるのです。生涯学習は「継続学習」よりも先を行っています。生涯学習は学習のプロセスとコンテクストに対して、革新的で常に新しいアプローチを試みるからです (Fragoulis, 2002)。

　教育には、学校教育、学校外教育、自主教育*6 がありますが、生涯学習の特徴は、教育することではなく、学習することです。また教育にはこのようにさまざまな形がありますが、これはどこで教育が行われているかだけでなく、個人の人格的そして職業的な発達との関係によって異なってくるのです。音楽家の生涯学習について詳しく見る前に、ヨーロッパにおける音楽の

仕事が現在どのようになっているのか、今日の変革が将来の音楽家にとってどのような意味をもつのかについて、詳しく検討してみたいと思います。

音楽シーンとプロの音楽家

ヨーロッパの文化芸術関連の産業は好調です（European Commission, 2006）。2004年にはおよそ580万人が文化芸術関連の仕事に雇用され、これはEU内の総雇用者数の3.1％に相当します。総雇用者数は2002年と2004年の間で減少したのですが、文化関連の雇用者数は1.85％増加しました。ヨーロッパでは文化芸術は政治的な意味においても広く利益をもたらし、都市や地域の経済発展にとっても重要であると、ますます見なされています。芸術系大学の卒業生に対して労働市場は何を期待しているのかに関する国際的な調査（Coenen, 2008）は、知識社会における「人的資本」の重要性が増している要因として、変化する労働市場における流動性と、グローバル化された世界における国際化を挙げています。これは、とりわけ専門的技能に求められるのが、柔軟性と革新性であることを示唆しているでしょう。

このような文化芸術産業において、音楽はどのような役割をしているのでしょうか？　ヨーロッパにおいて音楽家のエンプロイアビリティを数字でもって示すのは不可能です。なぜならば、ヨーロッパ・レベルでの統計では、建築から書籍販売までの仕事を含む「文化に関連する雇用」の数字しか示されていないからです。しかし、文化芸術関連の雇用に関する量的調査（EC, 2007）から明らかになる傾向と、以下に紹介する、音楽家の雇用に関する質的調査が明らかにする傾向とは、ほぼ一致しています。

ヨーロッパの音楽産業は複雑な様相を呈しています。ヨーロッパの音楽家たちには、演奏会を個人ベースでプロデュースしたりビジネスしたりする人が増加しています。しかしこうした状況が必ずしもエンプロイアビリティを高めるわけではなく、こうした仕事の報酬と条件はヨーロッパ諸国の最低レベルを下回っています。他方で、音楽でもニッチの領域が開拓され、新作の創作の機会がもたらされ、コミュニティや他領域と協働してリーダーシップ

のとれる創造的な音楽家にも、新たな要求がなされています。イギリス政府の報告書「音楽による国作り Creating a Land with Music」（Rogers, 2002）は、イギリスにおける現代の音楽家の仕事、教育、養成について詳細に調査し、彼らのキャリア・パターンの変化についても述べています。現代の音楽家が関係する領域としては、50以上の役割が挙げられています。これらのうち、4つの主な役割——作曲家、演奏家、指導者、教育者——は、あらゆる音楽ジャンルや専門にとって重要なものとして位置付けられています。例えば、作曲家という役割を果たすには、その人はシンガーソングライターであり、オーケストラ編曲家であり、同時に、新しい創造を提案する改革者であり、挑戦者であり、探求者でもあります。演奏家にしても、歌を歌い、楽器を演奏するだけでなく、作曲的なこともし、即興をし、リーダーとしての仕事もしなくてはならないでしょう（Rogers, 2002）。本書で紹介される多くの状況に共通しているのは、多様な仕事を同時にこなしいている音楽家で、このようなタイプの人たちがここ10年間で、ヨーロッパでも広く見られるようになったのです。

　とにかく、音楽家がさまざまな、相互に関連する活動をしなくてはならなくなったことだけは確かです（Smilde, 2006）。学生たちがこうしたアプローチができるようになるためには、ひとつの方法として、彼ら自身にさまざまな役割そのものや、こうした役割が自分たちの音楽人生とどう関係するのかについて、考えてもらうことが必要でしょう。

・革新者（開発、創造、リスクテイカー）
・鑑定者（不足するスキルを見分け、補う能力）
・パートナー／協働者（公的な協力関係において）
・自省する実践家（リサーチと評価への参加）
・協力者（例えば、芸術家、学生、教師などとの対話）
・連結者（音楽家が関係するコンテクストとの関連）
・起業家（新たな職業の創成）

第7章 時代の変革と生涯学習へのチャレンジ | 135

2004年から2007年の期間、「ヨーロッパ音楽大学協会」のワーキンググループは、ヨーロッパにおけるすべての分野での音楽の仕事について、その当時現れている顕著な傾向を調べました。グループはさまざまな国のウェブサイトを調査し、革新的な実践例を探し、「最先端を行く」音楽家に個別にインタビューしました。音楽産業のこうした質的な調査と分析によって、新しいトレンドをテーマごとに整理する基礎が得られました（Amussen & Smilde, 2007）。この調査では、聴衆、テクノロジーの役割、音楽学校の教育、そしてコミュニティでの仕事について、大きな発見がありました。こうした視点は多岐にわたっていて、強みと弱み、機会とチャンスを明らかにし、政策決定の多くの領域とも関係してきます。

・文化政策

文化政策の最近の変化や公的補助金の減少にともなって、文化芸術関連の機関や団体は、個人や公的な連携の拡大を図りました。申請書の作成、プロモーション、将来計画の策定のために、多くのスキルを修得しておくことも必要になりました。ヨーロッパでは現在同時的に複数の動きが進行していますが、そのなかのひとつが、国民的で伝統的な文化を昔からある文化機関が一方向からのみ大規模に支援するのではなく、イヴェントのプログラムを重視して、多様な文化活動を支援するという方向へのシフトです。理屈上では、現在の多くの文化政策の中心にあるのは、革新と創造ですが、ヨーロッパの文化芸術政策の基本的なテーマは、以下の通りです。

・政府としての文化事業を最優先にする
・革新的で多様な芸術のあり方を推奨する
・できるだけ多くの人を文化活動に参加させる
・芸術や文化の経済的・社会的価値を重視する
・多様性と創造性を支援する

いつかの国では、オーケストラや合唱団の各団体に公的助成するというよ

うな、従来の形が残っていますが、「ニッチ」な領域*7 での資金調達や、社会にとって有益なやり方で聴衆を拡大するなどの、新しい試みも行われています。

・聴衆

　ビーチングが第3章でアメリカの状況を報告していますが、ヨーロッパでも多文化社会の影響が見られ、新しいタイプの聴衆が誕生しています。ここ最近では特に文化の多様性が拡大して、音楽世界の変化を決定的なものにしています（Amussen & Smilde, 2007）。これに対応するかのように、多くの音楽家が新しい音楽世界の可能性を探求し、自分たちの音楽に多様性を次々と吹き込んでいます。非ヨーロッパの音楽の伝統との遭遇は、クラシックからジャズに至るあらゆる作曲家や演奏家に影響を与えていますが、広く音楽教育の領域にも浸透しています。そしてインターネットという新しいヴァーチャル世界には「グローバル・オーディエンス」が誕生して、音楽家たちは新しい可能性や課題の探求を促されています。

・テクノロジー

　本書でもすでに見てきましたが、新しいテクノロジーの発達が音楽や音楽の仕事に決定的な影響を与えています。音楽の生産、受容、配給の方法が著しく変化したのです。自宅のスタジオで演奏・録音ができるようになり、プロデューサーの監督なしに、自分の音楽を創り出せます。インターネット上の音楽コミュニティが誕生したことで、ひとりで活動する音楽家であっても、自分の作品を広くネットワークにアップすることができるのです。レコード会社はこうしたインターネット上の音楽コミュニティを通して、新人アーティストを発掘しているそうです。新しい出会いの他にも、インターネットを通して配信される音楽から利益を得るという新しい方法もあります。そしてアクセスの容易さは、新しい汎用的能力の必要性を示唆しています。世界中の市場に容易に進出できるようになる一方で、競争もグローバルになり、広大なメディア産業内において存在し続けることも、容易ではなくなりました。

第7章 時代の変革と生涯学習へのチャレンジ | 137

学生たちには、SNS を利用してプロフィールを伝えるという戦略の可能性
に眼を向けてもらい、自分の今もっている技能や継続している活動を知らし
めてもらいたいものです。そうすることで、多くの汎用性のあるスキルが拡
散し、また共有されていくでしょう。ウェラーが第 4 章で指摘したように、
例えば、リサイタルを Facebook に投稿したり、プレスキットを開発したり
することを、学生たちに推奨すべきでしょう。

・音楽教室における教育

　音楽の学校、ここではアマチュアの人がレッスンを受ける音楽教室のこと
ですが、ここでの教育も最近大きく変化しました。目標を達成することをめ
ざした音楽教育に変わって、音楽経験の重要性を強調して、子どもたちと音
楽との間にいい関係を築く教育へと変わっています。もちろん先生と生徒と
いう形は依然として変わりませんが、他の方法が次第により重視されるよう
になってきました。ヨーロッパの多様な文化的背景が、音楽教育の課題とな
ると同時に、文化的な視点の重要性を示してくれています。

　音楽教室の設置の形態施設や運営の仕方は、ヨーロッパの中でも随分と異
なります。多くの音楽教室が州や市町村によって運営されますが、いくつか
の国ではこうした音楽教室が公的な援助や他の財政的支援をまったく受けな
い私立の学校のようになっています。以前に比べると、音楽学校も社会との
つながりを持ち、より開かれた存在になっています。生徒の期待や要求に応
えられるようなサービスを提供する必要性も高まっています。こうした変化
は音楽教師や学校の運営に対しても、新たな要求をつきつけています。集中
して練習しなくてはならない、なかなかすぐにはうまくならないという音楽
の学習は、たとえ趣味でするにしても、遊びたいさかりの生徒たちからは敬
遠されてしまうからです。いくつかの国では、他の芸術の学習とコラボする
といった、新しい形を試みるなどして、これまでの音楽教室からの脱皮が図
られています。

・コミュニティ活動と諸芸術のコラボ

イギリス、北欧諸国、オランダのような国々では、ここ 10 年間で、広いコミュニティ内での音楽活動が増加しました。ビーチングが紹介したように（第3章）、コミュニティ・ミュージシャンやティーチング・アーティストたちが、健康福祉関連の施設や刑務所などで、創造的なワークショップを展開しています。ワークショップでの協働というアプローチは即興的な性格を持っていることから、音楽家がリーダーとなってさまざまな場所で展開する創造的なワークショップの主眼も、参加した人たちが創造的な自己表現ができるようになり、ワークショップやその最終的な成果に対して責任をもって自分が参加したという実感がもてるようになることに向けられています（Gregory, 2005）。

イギリスでは創造的ワークショップに参加するアニマチュール[8] も、最近では多彩になりました。アニマチュールというのは、「実践的な芸術家で、自身のスキル、才能、パーソナリティを活用して、作曲、デザイン、発案、創造、演奏など、あらゆる形式の芸術活動に他の人を導く人」（Animarts, 2003）のことです。アニマチュールとして働く音楽家の仕事も多様です。演奏家と聴衆の橋渡しをして、しばしば演奏家やそのほかの芸術家たちと共同して、アウトリーチ・プロジェクトでのファシリテーターをしたり、演奏会やコミュニティ活動の新しい形式を考案したり、推進したりします。本書でも紹介した幾人かの音楽家のプロファイルからもわかるように、多くの音楽家は演奏家とアニマチュールの両方の役目をしています。

他の芸術と交流することで、諸芸術のコラボへの道が開けます。視覚的・演劇的要素を演奏に加えることへの関心が高まり、さらに新しいメディアが開発されたことで、音楽家、俳優、ダンサーなど、あらゆる種類の造形芸術家（画家、映像作家など）が参加する、芸術の垣根を超えたコラボが数多く実施されています。新しいタイプの演奏と創造が着実に増加しているのです。

全体として見ると、ヨーロッパの音楽家は変化する音楽シーン、さまざまな文化的背景にある多くの課題やチャンスに対応しなくてはならず、それら

第 7 章 | 時代の変革と生涯学習へのチャレンジ | 139

のプライオリティを常に考えなおさなくてはいけません。レンショーが主張
したように、「音楽家のみならず芸術家たち全員が、地域やグローバルの視
点にたって、自分たちは何者で、いっしょにできることは何であるのかを議
論すべき」なのです（Remshaw, 2001, p.3）。次の節では、ヨーロッパの音楽
高等教育が、こうした展開にどのように対応し、音楽の仕事における変化と
ヨーロッパの最新の教育政策とがどのように関係しているのかを、考察して
みましょう。

変化に対応するヨーロッパの音楽大学

・教育システム

音楽の専門教育のシステムは、ヨーロッパでも、国によって大きく異なり
ます。例えば、学士課程でも 3 年制という国もあれば、4 年制という国もあ
り、カリキュラムも相当に違います。修士課程も 1 年制から 2 年制まであ
り、また多くの音楽大学が博士課程レベルの教育研究の機会も提供していま
す。高等教育機関の設置の形態もさまざまです。カリキュラムが国（州）に
よって定められている場合もあれば、大学が完全に、あるいは一部が国立
（州立）という場合もあります。またいくつかの国では、教育研究の質保証
や機関の運営が、政府の助成や認証評価に直結しています。

次の表は、ヨーロッパの音楽大学の登録学生数を整理したものです。表を
見る際に、留意しておくべきことがいくつかあります。ひとつは、これらの
データは「ヨーロッパ音楽大学協会」から提供されたものですので、学生数
も協会に加盟している大学のものに限られています。ヨーロッパのすべての
教育機関が、この協会に所属しているわけではありません。ふたつめは、い
くつかの国については、表に記載された学生数に短期大学（部）の学生数が
含まれています。そして 3 つめは、ヨーロッパの音楽大学は、アマチュア
の音楽家にも門戸が開かれているということです。そのためにこの章でも、
高等教育レベルでの専門教育機関であるかどうかを、そのつど見極める必要
があります。

表：ヨーロッパの音楽大学に登録された学生数（2007 年）

国　名	学生数	国　名	学生数
オーストリア*	11,036	イタリア*	15,956
ベルギー	2,928	ラトヴィア	426
ボスニア・ヘルツェゴヴィナ	720	リトアニア	1,150
ブルガリア	1,747	ルクセンブルク*	3,188
クロアティア	674	オランダ	5,097
キプロス	88	ノルウェー	1,496
チェコ共和国	874	ポーランド	5,253
デンマーク	1,259	ポルトガル	829
エストニア	1,248	ルーマニア	2,987
フィンランド	5,082	セルビア	1,450
フランス*	22,653	スロヴァキア	1,226
ドイツ	26,410	スロヴェニア	360
ギリシャ	499	スペイン	6,200
ハンガリー	980	スウェーデン	3.216
アイスランド	278	スイス*	5,800
アイルランド*	6,700	イギリス	6,310

＊＝専門学生とアマチュア学生との区分が不明な国。よって専門学生数の数は表記された
　数字より少ない。

・学生のニーズへの対応

　教育システムは多様で、音楽の仕事はヨーロッパ中で大きく変化していま
す。学生の将来の職業というのも複合的かつ多重的ですが、はたしてヨーロ
ッパの音楽大学は、学生たちの将来に十分な準備をうまくしてあげているの
でしょうか？　学生たちは仕事に就くときに、何を必要としているのでしょ
うか？　そしてそのようなニーズに音楽大学はどのように対応すればいいの
でしょうか？　2000 年に「ヨーロッパ音楽大学協会」は「プロミューズ」
という、音楽家の職業統合と継続的発達ならびに最近の音大卒業生のニーズ
に関する調査を開始しました（Lafourcade & Smilde, 2001）。

「プロミューズ」の調査では、音大卒業生に対して、卒業後の仕事の状況と、何を必要としているかについてのアンケート調査が実施されました。調査からは、卒業生たちが直面している様々な問題が浮かび上がりましたが、そのほとんどが仕事を見つけたり、開拓したりすることに関係していました。

音楽大学の教育に欠けているとしばしば指摘されるのは、健康に関する知識、即興演奏、そして室内楽や大規模なアンサンブルでの経験です。また卒業生たちは、大学では職業界での経験を積んでいなかったと回答していました。彼らが卒業後に身に沁みて必要と感じたスキルは、演奏技術の他に、教えたりマーケティングしたりするためのスキルでした。その他に、マネジメントや他の芸術とのコラボを推進するスキルもありました。そして回答の中で最も強く望まれたのが、生きるためのスキル、すなわち汎用的スキルだったのです。

それ以外にも、職業能力を継続して高めるにはどんな方法があるのか、卒業生のニーズと職業能力の向上は、関係しているのかどうかについても、情報が得られました。その結果をまとめたのが次の表ですが、それは驚くべきものでした。卒業生たちが最も必要性が高いと指摘したのは「生きるためのスキル」でしたが、音楽大学やその他の教育機関が最も必要性が低いと指摘したのも、同じように「生きるためのスキル」だったのです。「情報交換」（将来設計や留学に関する情報を得たり、ネットワークを作ったりするための機会）は音楽大学サイドのトップでしたが、卒業生では最下位でした。もっとも演奏と教育のスキルは、両サイドから同じように重視されています。

表：卒業生と大学がそれぞれ職業能力として継続的に発達すべきだと考える要素
1 ＝最も重要と思う 〜 4 ＝あまり重要と思わない

卒業生が求めているのは		音楽大学が提供しているのは
1. 生きるためのスキル 2. 演奏スキル 3. 教育スキル 4. 情報交換		1. 情報交換 2. 演奏スキル 3. 教育スキル 4. 生きるためのスキル

こうしたミスマッチの原因のひとつとして考えられるのが、卒業生たちの意見を大学があまり重視していないことだと思われます。次の表に示した調査結果からも明らかですが、卒業生自身がどう感じたかよりも、大学側が卒業生のニーズをどう認識したかの方に、ウェイトが置かれているのです。

表：職業能力の継続的な発達の方策を決める際の大学サイドの判断基準

1. 大学としての卒業生ニーズの判断	大：最も重要と思う
2. 予算があるかどうか	↑
3. 大学の教職員の判断	重要度
4. 大学職員が担当できるかどうか	↓
5. 卒業生の意見	小：まったく重要と思わない

　ここから一見して明らかなことは、職業界のニーズの変化に対応させてカリキュラムを設計する際には、常に卒業生との対話から情報を得ることが重要であるということです。他方で、卒業生の方も母校とずっとつながって、情報を得たいと願っているのです。

　音大卒業生に対する取り組みやプログラムは、今のヨーロッパではどのような状況にあるのでしょうか。前述した「ヨーロッパ音楽大学協会」のワーキンググループが実施した調査の結果は、なかなかのものでした。それを見ると、加盟大学の33％が過去5年に卒業生に関する基本方針を制定して、41％が近い将来制定する予定だそうです。しかし27％の大学では、そのような基本方針を設定する予定はないと、回答していました。卒業生にとってのメリットは、仕事上のネットワーク作り、生涯学習の機会の提供、図書館利用、キャリアサービス、楽器購入ローンなどの大学の資源や制度が利用できることです（AEC, 2007）。さらに卒業生と在学生が対話する機会を作れば、在学生にとっては、卒業後の仕事上のネットワークにすぐさま参加できて、尊敬する先輩の意見やそのほかのチャンスを得ることになるでしょう。しか

第7章 時代の変革と生涯学習へのチャレンジ 143

し卒業後のことや大学に対してどれだけ期待できるのかを考えるとなると、ひとりの学生が異なる音楽大学で勉強できるという方法も、今後は重要となるでしょう。今日ではますますその可能性が高まっています。

・国際的流動性とボローニャ・プロセスがもたらしたチャンス

　現在のヨーロッパの音大生の多くは、別の音楽大学で3ヵ月から半年間学ぶことができます。在籍する大学と希望する大学との間で契約が成立すると、勉強を中断することなく、希望する大学で、おそらく在籍校では学べないコースを履修したり、より専門的な教員から学んだりすることができます。在籍校の以外の学校で学ぶことは、学生たちの視野を広げ、将来の自信にもつながります。一般的にはこうした交換制度はよく整備されていて、「エラスムス・プログラム」*9 と呼ばれる学生と教員のための交換プログラムがあります。

　音大生や教員の国をまたいでの移動は、ヨーロッパの高等教育改革である「ボローニャ・プロセス」によって、いっそう盛んになりました。ボローニャ・プロセスが目的としていることは、ヨーロッパの高等教育のシステムの透明性を高めることです。これによって学生の移動は容易になり、さらにすべての国において教育の質が保証され、将来の仕事にも大いに役立つことでしょう。「ボローニャ宣言」*10 は1999年に、ヨーロッパ29ヵ国の大臣によって署名され、すでに47ヵ国が加盟しています。この宣言には、オーストラリアなどヨーロッパ以外の国が数カ国参加しています。そして2010年までに、ヨーロッパ域内の高等教育が統合されることが合意されています。

　ボローニャ・プロセスの最も重要な成果のひとつが、ヨーロッパ全体に共通する学士・修士の学位システムと単位互換の制度が樹立されたことです。これによって、学生は取得した単位を失うことなく、大学間で単位の交換ができます。「ヨーロッパ音楽大学協会」が2007年に実施した学生の移動の調査によると、各大学で毎年平均して9名の学生を別の大学に送り、およそ9名の学生を他大学から受け入れています。特に、東ヨーロッパの学生が西ヨーロッパの大学に行くことが、その反対よりも多くなっています。教

員の移動については、毎年1大学あたり平均して6名の教員が移動し、平均して5人の教員を受け入れています。2007年までに全体の3分の1の大学が単位互換制度を利用しています。しかし南ヨーロッパやドイツ、フランスではまだ実施されておらず、ボローニャ・プロセスもまだ建設途上ではあります。しかし音楽大学では、多くのことがすでに達成されています。

音楽家のための生涯学習

音楽家のキャリアが直面している変革、課題、チャンスを考えると、音楽家がこうした変化に対応していくには、生涯学び続けるという「生涯学習者」とならなければなりません。この章の最初で述べたように、生涯学習という考え方は、職業上のスキルアップのための講習を受ける以上のことを意味しています。今活躍している起業精神旺盛で思慮深い音楽家たちと同じように、若い音楽家たちにも職業能力や意識を高めてもらう方法を確立することが重要です。このことを最もよく物語っているのが、さまざまなキャリアパスを歩んでいる若い音楽家たちの言葉なのです。

ここで、音楽家たちがどのようにして学習しながらキャリアを歩んでいるのかを、「生涯学習者としての音楽家」という、個人史的方法を使って調査した私自身の研究を紹介したいと思います（Smilde, 2009a; 2009b）。役割も年齢も異なる、32人のヨーロッパの音楽家の学習歴を分析することで、個人的あるいは職業的な発達に関して、以下の3つの重要な特徴が浮かび上がりました。

- ・音楽家によって形の異なるリーダーシップ
- ・音楽家個人の中で相互に関係しているさまざまな学習スタイル
- ・音楽家が必要とする柔軟な学習環境

音楽家や教育家のみならず一般にも通用するリーダーシップを下支えしているのは、さまざまな学習スタイルと反省する力です。次の節で3人の生

涯学習者の伝記を見る前に、音楽家の学習スタイルとリーダーシップについて、考察しておきたいと思います。

・音楽家の学習スタイル

音楽では、学校以外での学習（音楽をいっしょに演奏したり、観察したり、経験したりすること）が、音楽大学の学生である時期だけでなく、子ども時代やその後の人生において重要です。学校以外での学習の基本は、合唱、吹奏楽、室内楽アンサンブル、オーケストラのような、協同しておこなう参加型学習です。そしてその次に重要なのが、学校以外での音楽学習における、信頼できる友人どうしで行うピア・ラーニングです。いっしょに演奏する、聴く、観察する、会話することで、音楽家は振り返りながら学習していきます。そしてこのような参加型学習で重要な役割をするのが、即興なのです。即興では自分の内面が表現されますので、表現力やコミュニケーション力以外に、自分の内面を磨いておくことも重要になります。そしてほかの音楽家たちと互いにつながる勇気をもつと同時に、自分の考えをしっかりと持っておくことも、忘れてはいけません。

学校教育においてもこうした参加型学習を実施してみることで、個人的に音楽的にも成長が見込めます。ここからも、生涯学習という考え方が学校教育において不可欠であることは明らかでしょう。学校教育、特に音楽大学においては、音楽家の卵を教育するときに、アクティヴ・ラーニングや経験学習の機会を利用します。例えば、音楽家はしばしば、演奏での不安をまぎらわしたり、コントロールしたりするために、アドリブを入れたりするからです。この章の最後に、学校以外での学習方法を学校に導入する方法を提案したいと思います。

・音楽家のリーダーシップ

「リーダーシップ」という言葉は、学校、ビジネス、オーケストラなどをイメージさせます。しかしながらリーダーシップは、個人のレベルについても言えます。リーダーシップは自分が持っている力を発揮する能力だからで

す。いっしょに演奏して、ある人がすぐれていると思えるのは、このような個人の力を共有しているからなのです。多くの人が参加して演奏するには、（室内楽の場合は、あまりはっきりとはしませんが）その人の決断力、適応力、柔軟性、価値観や資質などといった下支えが必要です。一般的にはリーダーシップは、社会的スキルや（起業には必要な）人間的スキルを活用して、自身が手本となって人を導く能力と定義できるでしょう。教育上のリーダーシップは、音楽と教育の両面のリーダーである音楽教師が一般的に持っている役割、つまり、生徒の案内人であり、メンターであり、教育者であるという役割そのものです。たいていの音楽家は、一般的なリーダーシップだけでなく、音楽家として、教育家としてのリーダーシップをもっています。生涯学習とリーダーシップの特徴との関係については、以下の伝記的説明で明らかになるでしょう。学生たちにも読んでもらいたいと思います。

3人の生涯学習者の例──イザーク、ダニエル、ウェンディ

　生涯学習という考え方は、クラシック音楽を学ぶ3人のオランダ人学生の話によく現れています。3人とは、ギター専攻のイザーク、サクソフォンとクラリネット専攻のダニエル、そしてトランペット専攻で指揮もするウェンディです。3人はそれぞれに異なるキャリアを歩んでいますが、そこには共通して、ヨーロッパにおける音楽の仕事の変化が見て取れます。このうちのふたりはすでに国際的に活動しています。またイザークは音楽市場でニッチな活動していますし、ダニエルはさまざまな編成によるジャンルの枠を超えた即興演奏をしています。そしてウェンディは、教師、演奏家、指揮者というチャレンジ精神が豊かな音楽家です。3人の音楽家の役割を、演奏家、教師、リーダー、即興演奏家という4つのカテゴリーで見てみると、ここに登場する若い音楽家たちにはこれら4つのカテゴリーすべてをあてはめてみることができます。

第7章 時代の変革と生涯学習へのチャレンジ 147

・イザーク

　イザークは現在27歳で、クラシック・ギターを専攻し、修士の学位を取得しました。また、すでに14歳の頃にはコンクールに入賞して、室内楽向けの音楽事務所に所属しています。室内楽を演奏することは彼の性に合っていて、彼のキャリアの重要な部分を占めています。イザークはさらに、19世紀の音楽の演奏を研究しました。ギターの室内楽作品の演奏と、19世紀のギター曲の歴史的演奏のふたつが、彼の音楽市場での売りです。彼は非常に才能あるギタリストでしたが、それでも自分のやりたいことを簡単に実現することができませんでした。卒業後、彼は自分のキャリアについて徹底的に考えました。

> 　演奏で食べていけるようになるには、腕に磨きをかける努力を惜しむべきではないことがよくわかりました。そのために私はオランダで個性的なプログラムを演奏して、2年ほどは生活の糧を得ることができました。実をいうと、このプログラムをできるだけ短い期間に完成させることが、私にとってはチャレンジでした。もし生徒たちを卒業後にたくさん教えなくてはならないようだったら、演奏で生活することはできなかったでしょう。きっと練習する時間を十分にとれなかったでしょう。

　ようやく生活していけるだけの2年間でしたが、練習したりコンサートを企画したりする時間はありました。現在でも彼は演奏で食べています。どのようなコンサートが求められているのかもよくわかっていて、さまざまな、特殊なプログラムの要望に応え続けているからです。自分の音楽事務所を通してオランダでのコンサートのオファーがずっと来ていましたが、さらにイザークは海外公演を企画していました。彼は振り返ってこう述べています。「写真、デモ、CDなどには、本当に時間もかかり、努力もしました。辛抱の連続でした。」イザークはこれらのスキルのいくつかを音楽大学で学んで

いたのですが、これらがどのくらい重要なのかが、そのときはわかなかった
と言います。「まさに、やってみて、はじめてわかるという典型ですね。も
ちろんときどき失敗することもありましたよ。」イザークのキャリアは思っ
たとおりに進展しましたが、それは彼が前に進むことを強く望み、またこと
を首尾よく運んだからだと思っています。

> 同じゴールに到達するのにも道筋はひとつだけではないことに、私は気が
> 付きました。コンクールがそのいい例です。コンクールに出場することだけ
> が、国際的なキャリアを積むための方法であるなんて、ナンセンスです。そ
> れだけに関わっているなら、時間の無駄だと思います。いつも柔軟に考えて、
> あなたにあう方法を見つけなくてはなりません。

・ダニエル

　彼は現在 32 歳で、サクソフォンとクラリネットを専攻して、学部を卒業
しました。その後即興演奏家になりました。彼は自分のことを「何でも屋
Jack-of all-trade」と呼んでいます。在学中だけでなく卒業してからも、1 年
間ニューヨークに滞在したのですが、そこでは創造力を促す刺激をいっぱい
に受けました。彼はこのときのすばらしい経験を、次のように記しています。

> 私はクラシックの先生の下を離れて、アンディ・スタートマン先生の所に
> 行きました。彼はクレズマー*11 のクラリネット奏者です。最初はブルーグ
> ラスのマンドリン奏者と出発したのですが、ユダヤ音楽にのめり込んで、ク
> レズマーの移民のクラリネット奏者のデイヴ・タラスの弟子になったそうで
> す。そこではタラスのスタイルを学び、さらにジャズのコルトレーンのよう
> に、スピードと情熱のあふれる演奏スタイルを獲得たのです。その結果、コ
> ルトレーンとアンディ・スタートマンの特徴をもったすばらしい音楽が生ま
> れ、実はそれが私のいつものスタイルになったのです。

第 7 章　時代の変革と生涯学習へのチャレンジ　149

　ダニエルは音楽ジャンルを個別に考えていません。スタートマンとコルト
レーンが彼のクラシックの演奏スタイルにも影響を与えているのです。「音
楽は瞬間の雰囲気が命です。その瞬間の表現そのものです」と、ダニエルは
言います。そして自分のキャリアも植物のように、まっすぐに成長したと感
じているのです。「私はこれまで、自分自身を押し曲げることはありません
でした。」しかし卒業してから 5 年後の今、これからのキャリアを持続的に
発達させためには、さらに特別な努力をしなくてはならない時期に来たと感
じています。

> 　残りの人生、私は「若き天才」のようなシリーズで演奏するつもりはあり
> ません。今ではだいぶ落ち着きましたが、それまではいつもいろんなことに
> 関心をもち、なんでもやってきました。しかしこれからは、そうもいかない
> でしょう。物事をうまく進めるには、自分で段取りをしていかなくてはなら
> ないでしょう。

　ダニエルはオーケストラの団員よりも、フリーランスで働くことを選択し
ました。「特に面白いこともなさそうだから、オーケストラに入るというこ
とは、一度も考えたことがありません。」「自分の音楽ができて、プログラム
も自分で決められる」仕事を、これまでにたくさんこなしてきたからです。
このような決断をしたからには、助成金申請の書類を率先して書くこともし
なくてはいけません。しかし在学中は、広報、マーケティング、組織などに
関する授業を履修しませんでした。卒業してから、演奏依頼をもらうことも
多いのですが、起業に関するセミナーなどが学生時代にあればよかったと思
っています。こうした汎用的スキルの必要性は、本書の第 4 章と第 5 章で
も強調されています。卒業までに起業に関するスキルを知っていれば、もっ
と人生は変わっていただろうと、ダニエルは今さらながらに思っています。
　ダニエルにとって幸運だったのは、音大の先生がコンサートに連れていき、
アンサンブルの世界に触れさせてくれたことです。大学ではときどき先生の

アシスタントをすることもありました。教えることがとても楽しくて、とりわけ後輩たちと夢中になって学び合えたことがとてもよかったと言います。「これが絶対に正しいと説教するような先生にはなりたくないです。生徒には自分らしさを表現してもらいたいです。」

彼は教えることから多くのことを学びました。

> どのように指導したらよいかを、最初は学びました。でも、楽しかったですよ。いっしょに音楽を作り、適切な言葉を見つけるのにも、苦労して、頭を悩ませました。やがて学生たちを刺激して、自分らしい音楽や言葉を見つけられるよう、彼ら・彼女たちの音楽家としての成長につながるような指導ができました。

・ウェンディ

インタビューのとき、ウェンディはちょうど22歳でした。トランペットと吹奏楽の指揮を学んで、音楽大学を卒業したばかりでした。彼女はすでにプロティアンとして活発に活動していて、ふたつの吹奏楽団の団員であり、オーケストラも指揮し、さらに吹奏楽をめざす子どもたちの指導もしていました。そして彼女は音楽出版社からの委託でスモールビジネスもはじめていました。こうしたマルチな仕事は、積極的な選択の結果であったと彼女は説明しています。

> いろんなことをするのが大切なのです。オーケストラを5つも指揮しているわけではないのです。オーケストラが異なっていたとしても、毎晩オーケストラを指揮しなくてはいけないとなると、おそらくいや気がさすでしょうね。同じことが教えることにも言えます。1週間のうち4日も、子どもたちに同じ歌を教えたくはありません。

社会での学習がウェンディのキャリアにとって重要です。

第7章 時代の変革と生涯学習へのチャレンジ 151

> まずは耳を広くオープンにしておくことです。人々の声を聴き、人々に話しかけます。オーケストラを指揮するには、いつも同じ考えを保っておけるかが大切です。練習ごとに、団員や新人とも話をすることが大切です。人々がのびのびとして、安心していられることが必要なのです。私もどんな批判にも耳を傾けますので、他の人にも、心をオープンにして陰口を言わないよう、お願いしています。団員の平均年齢よりも私が若いことは気にしていません。これが私の信条です。

ウェンディの職業上のアイデンティティも、しっかりとしています。

> 私の第1の職業は指揮者です。趣味で集まっている人を指導したり、積極的に参加してもらえるようにしたりすることが、大好きなのです。彼らが自分のしていることに喜びを感じ、しかも成長している実感をもってくれれば、とても幸せなのです。第2の仕事は教えることです。子どもたちが、音楽することに一生懸命に取り組んでくれるようになれば、いいのです。子どもたちが真面目に取り組んで、家でも練習をしてくれて、保護者の方々も子どもの応援をしてあげようと思ってくれれば、大成功です。そして第3の仕事は、演奏家としての仕事で、主にアマチュアの人たちと演奏しています。素敵な演奏ができると、とても幸せな気持ちになります。お互いが張り合うのではなく、いつもいっしょに何かをすることが、大切なのです。私は今の自分に満足しています。音楽大学に入学したときに抱いていた願いが、今現実のものになったと思います。

ウェンディの話は明確です。キャリアは驚くほど変化に富んでいますが、卒業してから数ヵ月の間に、職業的なスキルもしっかりと身に付けていることがわかります。

再考・音楽家の役割

イザーク、ダニエル、ウェンディの3人のキャリアは変化に富み、三者三様でした。イザークは演奏家、指導者、起業家の仕事をしていました。ダニエルは演奏家、教師、指導者、作曲家、即興演奏家、起業家という役割を担っていました。そしてウェンディは演奏家、教師、指導者、指揮者、マネージャーとして働いています。これら3人の音楽家が、演奏スキルに加えて、汎用的スキルを必要としたことは明らかです。彼らは自己を顧みる実践家であり、協働して活動し、人と人をつなぐ挑戦者でした。そして3人は共通して、人生やキャリアの節目の時期に相談にのってくれる「大切な他者」（Antikainen et al., 1996）に対して、いつもオープンでした。そしてこの「大切な他者」の多くは、第三者的な教師でした。

・教育的リーダーシップ

イザーク、ダニエル、ウェンディの3人は、音楽面だけでなく、汎用的なリーダーシップも持っています。例えばダニエルの音楽的なリーダーシップは、即興演奏家としてのアイデンティティに裏付けられています。

> 私はステージに上がって、何の準備もなく即興をはじめるのが好きです。楽譜に書かれたように、説得力のある演奏ができると思っています。美しい瞬間を、納得のいく和音が出せる瞬間を求めているのです。

しかしウェンディが見せたリーダーシップは、プロの音楽の世界ではあまり評価されない種類のものです。教育のリーダーシップは、学んだり、教えたりする活動に向けられる音楽的なリーダーシップと汎用的なリーダーシップの双方を必要とするからです。質の高い教育は、質の高い演奏や練習の基本と言えるでしょう。教え方がうまいということが、音楽の仕事として高く

第7章 | 時代の変革と生涯学習へのチャレンジ | 153

評価されないというのは、不思議でなりません。私の調査から、教えることが「演奏家くずれ」の仕事であるという考えは、在学中に友達から植え付けられていることがわかりました。ソルブは、このような「ピラミッド思考」を問題にして、次のように述べています（Solbu, 2007, p.1）。

　　音楽のヒエラルキーについて一言。学生や教員を含めて、オーケストラ指揮者、ソリスト、作曲家になれる人はほんのわずかなのに、こうした職業が、アンサンブル奏者や音楽科教員という多くの学生がなる職業よりも、優れていると考えられています。他の人より立派な作品を演奏したり、指揮や作曲といった高度なことができたりする人が優れているというわけです。別な言葉で表現すれば、トップにたつ演奏家だけが、プロとして成功したと考えられているわけです。そしてその他の人は（ご本人には申し訳ないが）、不幸にして最終的に成功するだけの力がなかったということになるのです。オーケストラで演奏できないから、教えているのだとも思われています。しかしこれは大きな間違いであり、旧い考え方です。

もちろん教師たりとて、いい教師でなくてはなりません。知識があり、自省的で、コミュニケーション力や企画力があって、そもそも指導できる教員でなくてはなりません。そしてこうなるのにも、音楽だけでなく広く通用し、起業精神あふれるスキルを必要としているのです。

音楽家の未来のための戦略

　ヨーロッパの音楽家たちが、他国の音楽家たちと同様に、持続したキャリアを形成する上で、多くの課題を有していることは明らかです。この章では、音楽家のキャリアが多様な役割を担っているというプラス面を強調しました。キャリア形成や生涯学習のために、教育家たちが利用できる戦略を考えると、既成のレシピを提供するだけで終わるという問題ではなくて、一人ひとりの考え方やアイデンティティを考えることから、まずはじめなくてはなりません。

　手はじめに、音楽大学の学習環境を、教育の実験場と広く考えてみるのもいいでしょう。音楽大学は単に学習したり、知識を得たりする場所だけではなく、学校外で展開されているさまざまな学習が経験できる所でもあるのです。そのためには、優劣を競うことなく自信が深められる、魅力的な学習文化も必要です。新しいさまざまなアイデアが展開でき、さまざまな場面でリーダーシップが発揮できるような学習環境が、カリキュラムとも密接に関連して、整備されていることが大切です。こうしてはじめて、学生たちは自己研鑽を積み、成長していけるのです。

　この例として、「新しい聴衆と革新的実践のために」と題された新しいジョイント・ディグリー（修士）を紹介したいと思います。これは 2006 年から 2009 年まで、ヨーロッパ基金によって開設されたプログラムです。参加した機関は、フローニンゲンのプリンス・クラウス音楽院、ハーグ王立音楽院、ギルドホール音楽・演劇学校、レイキャビク芸術院の音楽学部、ストックホルムの王立音楽大学でした。このプログラムが目的としたのは、さまざまな芸術分野がコミュニティとクロスして、新しい聴衆を創造し、またリーダーシップのスキルをさまざまな分野や社会で活用できる創造的なプロジェクトを、学生たちが企画し実施できるようにすることでした。そしてこのプログラムには、生涯学習の重要な 4 つの視点が含まれていたのです。

・芸術の実験的展開

第7章 時代の変革と生涯学習へのチャレンジ | 155

・現場での相互のメンタリング
・外部の専門家との協力
・アクション・リサーチに基づいて自己を振り返ること

　ここで大切なことは、大学や音楽院による評価が演奏の質だけに限定され
ないように、さまざまなプロセスやプロジェクトを質的に評価をする際には、
こうした生涯学習の視点を忘れないということです。学生たちには、将来の
キャリアを準備し、心をオープンにし、さらに挑戦的でワクワクするような
仕事でも、自分を振り返りつつ行動できるようになってもらいたいと思いま
す。そうなるためには、学生たちが入学してきたときから、彼らが何に関心
をもっているのかを、把握しておくことが大切でしょう。パーキンスが第2
章で、ベネットが第5章で提案してくれた質問をすることで、最初に何を
すべきかがわかるはずです。

　イザークとダニエルのふたりの話を思い出してください。ふたりは、生き
るためのスキル（汎用的スキル）が音楽のキャリアで成功するために必要だ
と言っています。しかし音楽大学には演奏以外にも大切な科目が開設されて
いたが、在学時にはあまりピンとこなかったとも言っています。あまり重要と
思わなかったのは、最初から演奏家になると思い込んでいたからです（学部
時代の職業アイデンティティの発達についての詳細は、第2章を参照）。確かに
演奏することは、学生たちの本来のモチベーションそのものです。職業キャ
リアの準備を行う実験場である大学が、こうした演奏家としてのアイデンテ
ィティを出発点と考えるのもうなずけます。そうであるなら、この演奏家と
してのアイデンティティを起点として、教えたりあるいは学んだりすれば、
芸術的な価値を損なうことなく、幅広くかつ経験的な方法でもって起業精神
の学習もできますし、こうした科目の重要性も理解してもらえるでしょう。

　将来の音楽家を教育するには、音楽家というアイデンティティを出発点に
しなくてはなりませんから、自己の探索と経験を通した、個人の人間的な発
達を促さなくてはなりません。そうすれば、音楽大学での生活すべてが、職
業上の発達にとって役立つようになるでしょう。

参考文献（現在では参照できないサイト情報は割愛してあります）

Animarts. (2003). *The art of the animateur: An investigation of the skills and insights required of artists to work effectively in schools and communities.* London: Animarts. http://annaledgard.com/learning/animarts/

Antikainen, A., Houtsonen, j., Hotelin, H., & Kauppila, J. (1996). *Living in a learning society: Life-histories, identities and education.* London: Falmer Press.

Bennett, D. (2008). *Understanding the classical music profession. The past, the present, and strategies for the future.* Oxon, England: Ashgate Publishing.

Coenen, J. (2008). *De arbeidsmarktsituatie en competenties van afgestudeerden van het Nederlands kunstvakonderwijs in international perspectief.* Maastricht: Research Centre for Education and the Labour Market.

Fragoulis, H. (2002). Innovations to address the challenges of lifelong learning in transition countries. In D. Colardyn (Ed.), *Lifelong learning: Which ways forward?*, pp.221-238. Utrecht: Lemma.

Gregory, S. (2005). The creative music workshop: A contextual study of its origin and practice. In G. Odam & N. Bannan (Eds.), *The reflective conservatoire*, pp.19-28. London: Guildhall School pf Music & Drama/Aldershot: Ashgate.

Jarivs, P. (2002). Lifelong learning: Which way forward for higher education? In D. Colardyn (Ed.), *Lifelong learning: Which ways forward?.* Utrecht: Lemma.

Lafourcade, D., & Smilde, R. (Eds.) (2001). *Promuse: Professional integration of musicians and continuing education in music.* Utrecht: European Association of Conservatories.

Myers, D. (2007). Initiative, adaptation and growth: The role of lifelong learning in the careers of professional musicians. *Dialogue in Music.* Groningen/The Hague: Lectorate Lifelong Learning in Music.

Prchal, M. (2006). Bologna & music: Harmony or polyphony? The European dimension in professional music training. In E. Froment, J. Kohler, L. Purser & L. Wilson (Eds.), *EUA Bologna handbook - Making Bologna work?* Paragraph B6.3, pp.1-18. Berlin: Raabe Verlag.

Remshaw, P. (2010). *Engaged Passions: Searches for Quality in Community Engagement.* Delft: Eburon Academic Publishers.

Rogers, R. (2002). *Creating a land with music: The work, education and training of professional musicians in the 21th century.* London: Youth Music.

Smilde, R. (2000). *Lifelong learning: Continuing professional development for musicians.* Final Report of the AEC working group on Continuing Professional Development for Musicians in the framework of the Socrates Thematic Network (TNP) for Music. Paris: European Association of Conservatoires (AEC).

Smilde, R. (2006). Lifelong learning for musicians. Proceedings of the 81st Annual Meeting of the National Association of Schools of Music, Boston, USA in 2005. Reston: NASM.

Smilde, R.（2009a）. *Musicians as lifelong learners: Discovery through biography*. Delft: Eburon Academic Publishers.

Smilde, R.（2009b）. *Musicians as lifelong learners: 32 biographies*. Delft: Eburon Academic Pubishers.

Solbu, E.（2007）. Models of excellence. *Dialogue in music*. Groningen/The Hague: Lectorate Lifelong Learning in Music.

訳注

＊1 EU とは、European Union の略。「欧州連合」のこと。1993 年のマーストリヒト条約によって成立。現在 28 カ国が参加するが、イギリスは離脱交渉中である。

＊2 ボローニャ・プロセスとは、1999 年に採択され、ヨーロッパ地域の高等教育の相互互換性を高めるための協定。現在 47 カ国が参加している。

＊3 生涯学習 lifelong learning とは、1965 年にポール・ルグランが提供した概念。人は生涯学び続け発達するものであると考え、20 歳代までに学業期を限定することなく、継続教育や社会人教育を推奨する。

＊4 セルフ・マネジメント self-management とは、自己管理のこと。自身の肉体や精神を自分で統制して、安定した状態に保ち、改善していくこと。

＊5 汎用的スキル generic skills とは、職業社会において汎用性をもって活用できる能力・態度・志向のこと。例えば OECD（経済協力開発機構）では、単なる知識や技能だけでなく、①社会・文化的、技術的ツールを相互作用的に活用する能力、②多様な社会グループにおける人間関係形成能力、③自律的に行動する能力を挙げている。

＊6 formal education は学校教育で、体系的なカリキュラムをもって行われる教育。これに対して non-formal education は体系的なカリキュラムをもつが、学校外で行われる教育のこと。大学の公開講座や放送大学など。一方で、図書館での自己学習や勉強会での学びは informal education と呼ばれる。ここでは「自主教育」と訳しておいた。

＊7 ニッチとは、すきまの意味。経営学では大企業などが取り組まない、一般的には人目につかない狭い領域や分野のこと。

＊8 アニマチュールは主導者、主催者などの意味。

＊9 エラスムス・プログラムは、1987 年からヨーロッパ域内で実施されている、学生や教員などの国際的な流動性を高めて、教育能力の向上を図るプログラム。

＊10 ボローニャ宣言は、ボローニャ・プロセスを採択のために、各国教育大臣などが参集してイタリアのボローニャで行った宣言のこと。

＊11 クレズマーとは、ユダヤ系の人々の伝統音楽のひとつで、ヴァイオリンやクラリネットなどからなる小編成の楽団で演奏される。

リーマンショック後の状況

　ヨーロッパは多くの異なる国から構成されていますので、「ヨーロッパの現況」としてひとくくりにして概観することはそれほど容易ではありません。しかしそうは言っても、いくつかの点で観察することはできます。初版で説明したような、音楽関連の職業における変化も、今ではすでに定着しています。特に「創造的コミュニティ」と「創造産業」は、EUの文化政策の中心課題になっています。「経済的価値への貢献ということに関しては、創造産業が、経済的ならびに社会的イノヴェーションの重要な推進役とみなされています」（ヨーロッパ音楽大学協会、2015年）。

　ヨーロッパの音楽家はフリーランスとして、ポートフォリオ・キャリアで働くことがますます多くなり、起業精神が求められる働き方をしています。「起業家としての心構えをもって多様な働き方ができるようになることが、芸術や文化の領域での仕事には必要不可欠になっています」（ヨーロッパ音楽大学協会、2015年）。こうした背景からヨーロッパの音楽大学は、学生たちの起業精神の育成により多くの関心を払うようになりました。音楽家の職業のこうした変化は、「ヨーロッパ音楽大学協会」が取り組んでいるテーマにも反映されていて、音楽と社会の関係という分野が広く探求されています。

　1998年にはじまり2010年を完成年とした「ボローニャ・プロセス」が現在完了していることは、なんといっても重要です。このプロジェクトは、音楽の高等教育の諸機関による国際的連携と学習成果の共有を、主な目的としています。

　2011年から2014年にかけて、ヨーロッパ音楽大学協会は「起業教育としての生涯学習」という名前のワーキング・グループを立ち上げました。このグループはパリ・コンサルヴァトワールのグレチェン・アミュッセン氏をリーダーとして、「音楽における起業モデルや、音楽大学や職業現場における起業精神の育成の方法を研究し、ヨーロッパの音楽高等教育にイノヴェーションを起こすこと」を目標にしました。

第7章 時代の変革と生涯学習へのチャレンジ 159

　このワーキング・グループが調査した地域は、アングロ・サクソン、ヨーロッパ大陸、地中海ヨーロッパ、東ヨーロッパ、中央ヨーロッパ、そしてスカンディナヴィアでした。インターネットやインタビューによってイノヴェーションと起業教育を調査した結果、ヨーロッパにおいては、社会・経済的、文化・政治的な背景が重要な役割をしていることがわかりました。このワーキング・グループの公式ウェブサイトには多くの情報が掲載されていて、多くの人に興味をもってもらえると思います。

第 8 章　音楽家のプロティアン・キャリアを考える

マイケル・ハンナン

　その昔、ある王女様が森を散歩していたときに、一匹のカエルと出会いました。するとカエルはこう言いました。「申し訳ありませんが、王女様が私にキスをしていただければ、私はジャズのすばらしいベース奏者に変身してみせます。」ところが、王女様はジャズのことがよくわからなくて、どうしたらよいかわからなかったので、カエルをお城に連れていって、父上に尋ねることにしました。「お父上、このカエルさん、私がキスをすれば、ジャズのすばらしいベース奏者に変身すると言っているの。どうすればいいのかしら？」すると王様はこう言いました。「キスをしてはいけません。エンターテイメントの世界なら、しゃべるカエルのままでいた方が、お金儲けできるだろう。」（作者不明）

＊　＊　＊

　ギリシャ神話に登場するプロテウスは海神です。彼は未来を予見できたのですが、予言を求められるのがいやで、すぐさま姿を変えてしまいます。ホメーロスは『オデュッセイアー』[1] の中で、この物語について、次のように説明しています（1946, p.75）

　　　そこでいよいよ、老人神がすっかり寝こんだと見たら、すかさずその折はすぐ皆でもって、強力手段に訴えるよう取りかかるのです。つまりその場へ老人神を抑え付けておき、どんなにもがいて逃げたがっても、離してはなりません。それこそあらゆるものに姿を変え、この地上に這う生物のたぐいのすべて、または水や、恐ろしく燃え立つ火になり、逃げようとしても、あなた方は泰然自若としてなおしっかり抑えつけるので。それでいよいよ向うから言葉をかけ、わけを訊ねて来ましたらなら、それも始めに臥ていた時に、見えた姿と同じに、戻ってからです。いよいよそうなったらば、暴力をやめ、老人を放しておやりなさい。そしてあなたが訊ねるのですよ。神々のうちのどなたが辛くお当りなのか、また帰国についても、魚鱗に富む海原をどうして渡ってゆけようかを。（呉茂一・訳）

＊　＊　＊

　プロの音楽家が生きていくためには、幅広く仕事をしていく必要があります。オーケストラやオペラ劇場など、ひとつの文化が支配する世界で働いている音楽家でも、多彩で魅力的な姿を複数もっています。芸術におけるすべてのフリーランスと同様に、音楽もビジネスであって、仕事上のネットワークを変幻自在に（プロテウスのように）拡大していくことで、これまでの期待をはるかに超えてさまざまな領域で活動できる機会が生まれてくるのです。
　ウィキペディアでプロテウスの形容詞形「プロティアン」を見ると、「汎用性、互換性、多くの形を取りうる」という意味が示されており、この言葉

が「柔軟性、汎用力、適応力といったポジティブな意味」を持っていることがわかります。ブルーワーの『故事成語辞典』（Evans, 1971, p.868）では「プロテウスのように多くの形」という言い回しは、「名前や姿が頻繁に変化すること」を意味し、形容詞の「プロティアン」には「すぐに姿を変える、常に変化する、多才な」と記されています。チェトウィンドは、プロテウスは「姿が変わっても心の奥底に横たわる真実を表している」と述べています（1982, 9.339）。筆者自身もプロティアン・キャリアを歩んできましたが、そこではすべてがつながっていました。新しいチャンスが訪れても、それは先行するチャンスによってもたらされたものなのです。新しい仕事を得るチャンスを得るためには、仕事上のネットワークを広げ、さまざまな形で学習を継続することによって、スキルを修得していかなくてはならないのです。

　かなり前のことですが、シドニーのオペラ劇場のグリーンルームでの出来事です。筆者がリハーサルの合間に休んでいると、デイヴィッド・アハーン——その当時、オーストラリアの音楽界の問題児——とデイヴ・エリス——非常勤のコントラバス奏者——の会話が聴こえてきました。アハーンはジョンという10代の未成年者を指導していました。彼はこう言いました。「デイヴ、ジョンは君のアドヴァイスがほしいらしいんだ。どうしたら、プロの音楽家になれるかって。」デイヴは少し間をおいて、きつい言葉を返してきました。「それは簡単さ。金儲けのために演奏すればいいだけさ。」エリスは誰もが認める、プロティアンの音楽家です。シドニー交響楽団でコントラバスを演奏し、すぐれたジャズのプレイヤーであり、ロックやファンクではエレキベースも担当しています。セッションでは彼は引っ張りだこですが、自分でコンサートを企画して、現代音楽の普及にも努めています。コリン・ブライト *2 の8台のコントラバスのための難解な作品の演奏会を、彼が企画して成功させたことも、筆者はよく覚えています。この作品は彼に献呈されました。

　グリーンホールでの出来事があって以来、私は多感なジョン君がどうすれば、ビジネスマンのように頼もしく、フリーランスの音楽家として生きていけるようになるかを考えていました。自分の好きなジャズだけに目を向ける

のではなく、さまざまな活動に足を突っ込む必要があります。おそらくカントリー・ミュージックのレコーディングの伴奏をして、演奏収入の多くを稼ぐことができるでしょう。さらに作曲もして著作権収入が得られるでしょう。またベース・ギターの製作者のアドヴァイザーの専属契約もしています。そして自身の幅広いスキルを伝えるために、個人や音楽学校などで教えたりもしています。

　デイヴはジョンがプロの音楽家になるのには懐疑的でした。それがそんなに簡単なことではないからです。

　ジョンのような若者がプロティアンの音楽家として将来どう成長していくのかを考えたときに、筆者自身のプロティアンとしての音楽人生を振り返ってみました。また今までに出会った、同じようなプロティアンの音楽家のことも考えました。本書の第1章でも示されていたように、プロティアンの音楽家というのは、実は新しい現象ではないのです。私は自分の人生を振り返るにあたっては、質的研究の方法のひとつである、話を綴ることで個人の経験を詳らかにするという、自己エスノグラフィを用いました。この方法の一番の強みは、読者に適切な視点を提供するだけでなく、話し手が生活している文化を理解してもらえることです（Ellis 2004; Chang 2008）。以下の節はナラティヴ・アプローチによる文章ですが、これを学生たちにも読んでもらって、討論の材料にしてください。

私の人生

　私は教育熱心な家で育ちました。父が高校の数学教師で、私が用をたしている間に方程式が解けるようにと、トイレの壁に黒板をつけるような人でした。父が崇拝していたのが、ピュタゴラス、ユークリッド、デカルトです。私が幼い頃からアカデミックな世界に憧れていたのは、決して偶然ではないのです。でも一番好きな科目は音楽でしたので、大学では音楽学を専攻しました。しかし学生時代から、即興演奏家として自活していくための仕事も探していました。はじめのうちは、クラシックのピアノ奏者としての私の商品

価値は、密売品程度でした。最初の仕事はアンドリュー教会の合唱協会の伴奏ピアニストでした。シドニー大学で講師をしているエリック・グロスがこの合唱団の指揮者で、私が大学で演奏しているのを偶然にも聴いてくれたのが縁でした。この時にはまだわかりませんでしたが、ここから私の音楽ネットワークが広がりはじめたのです。

　創作やビジネスの世界でチャンスを見つけていくためには、とにかく自分以外の人とつながり、コミュニケーションするのが重要であるということは、強調してもしすぎることはないでしょう。音楽を学んだ場所が、仕事のネットワークにつながる最初の大きなチャンスだったのです。このような場所以外に、将来の協力者や音楽を理解する多くの人たちと、すぐにそして常につながっていられる場所はあるでしょうか？　ネットワークの多くのつながりは偶然に生じるものですが、音楽界で変身するプロティアンは、関係作りにも積極的です。ベストな結果を得るにはどのような行動をとればいいのかも、よく知っています（Kimpel, 1993; Beeching, 2005）。ネットワークを広げていくのに必要なのは、仲間を尊敬し、他人を魅了する人柄であり、とりわけコネクションを作ってそれを維持していく積極性と継続性です。関連する団体に加入したり、（しばしば交流会もくっついている）セミナーやイヴェントに参加したり、あるいは仕事場や音楽ショップをぶらぶらしてみるのも、つながりを作るいい方法でしょう。

　合唱団の伴奏ピアニストの仕事の中で、J. S. バッハの『ヨハネ受難曲』の伴奏は、いい経験になりましたし、お金ももらいました。これ以後も伴奏者として興味深い体験ができ、伴奏の腕も次第に上がりました。大学で通奏低音を学びましたが、これが伴奏楽譜のなかった初期オペラの練習で役に立ちました。またコード進行だけを見て演奏できたので、演劇のオーディションのピアニストとしての仕事もできました。なんでもこなせるということが、フリーランスで生きていくためには絶対に必要であることを、このときに知りました。

　大学の2年目に、今ではオーストラリアで最も成功した作曲家として知られているピーター・スカルソープ[*3]の助手の仕事を紹介されました。こ

のときは、私の手書きの楽譜が目に留まったのです。最初のうちは、スカルソープの丁寧な鉛筆書きの楽譜をインクでなぞる仕事で、彼がピアノで作曲している部屋の隣の台所のテーブルが仕事場でした。このときはまだ作曲家になるつもりはありませんでした。しかし仕事をしている作曲家の姿を見たり、頻繁にこれはどう思うと質問されたり、インク書きする直前に誤りを見つけてそれを指摘したり、さらに締め切りが迫ったときには作曲の一部を手伝ったりと、こんなことをしていくうちに、作曲という世界に次第に引き込まれてしまったのです。

　このとき自分が作曲家の見習い仕事をしているとは思っていませんでしたが、楽譜を書いたり編集したりするという仕事だけでなく、作曲家という仕事についても学んでいたのです。スカルソープがイギリスの出版社（ファーバー音楽出版社）とどのような対応や交渉しているのか、どのようにコンサートを企画しているのか、どのように聴衆にアピールしているのか、ビジネスを成功させるための必要な人たち（とくに演奏者）とどのようにうまくコミュニケーションしているのか、こういったことが学べました。音大生が卒業後に音楽を仕事にしていくためには、こうしたビジネスに関することが必要であるはずなのに、大学ではまったく教えられていないことを痛感しました。音楽家のような職人仕事の専門家を養成するためには、「本来の仕事の周辺部分を手伝いながら、学ぶ」という形が、最も効果的な学習法なのです（Lave & Wenger, 1991; McLellan, 1996）。

　スカルソープはすぐれたピアニストでしたが、作曲家の道を選びました。演奏会でピアノを弾いたり、レコーディングしたりすることはあまりなく、40年間大学で作曲を教え、定年してからも作曲に専念しました。スカルソープの人生を見ていて、私が最もすごいなあと思うのは、彼は決してチャンスを見逃さないということです。作曲家としての収入はもっぱら委嘱料と著作権収入でしたが、彼は演奏してくれる（アマチュア、学生、プロを問わず）すべての人の要求に応えたのです。彼に作曲を依頼してくれた人の一人ひとりの要求を満足させるために、料金を取らずに、すでに完成した作品であっても、手直しをしてあげたのです。この意味では、スカルソープの作品その

ものがプロティアンなのです。同じような旋律がさまざまな編成で聴こえて
きます。既存の作品を編曲したり手直ししたりして新しい作品を作るという
手法が、どの程度使用されているのかは、作品のタイトルからわかりますし、
タイトルを変えてしまえば、過去の作品の一部をリサイクルして使用できた
わけです（Hayes, 1993）。

　スカルソープは自分や自分の音楽について、魅力的なイメージを聴衆に植
え付けています。彼の作品のプログラム・ノートは、ヘイズの本（Hayes,
1993）に掲載されていますが、そこにはひとつのストーリーが通底していま
す。自らの文章やジャーナリストからのインタビューを通して、彼は自分の
音楽が聴衆に与える意味を慎重に綴り、広大な風景、野生、孤独といったよ
うな視覚的あるいは文化的な意味合いを広め、さらに地理的・歴史的に特殊
な関連からアボリジニの話を展開しています。彼の音楽がオーストラリア内
地と関連づけられるのも、偶然ではないのです。映画製作者は、内地の風景
が映し出す映像には、必ず彼に作曲を依頼するのです（McGee, 1995）。ビー
チングが私たちに思いだせてくれたのですが（Beeching, 2005）、どんな音楽
家も、自分の音楽を広めるためには、プレスリリース、プログラム・ノート、
助成金申請、意見書の書き手にならなくてはいけませんし、聴衆がどんな音
楽に関心をもっているかをはっきりと知るための方法を、持っていなくては
ならないのです。

　スカルソープの作品の中で私がお手伝いした曲のひとつが、ロックバンド
とオーケストラのための『Love 200』です。楽譜の清書以外に私の仕事は、
彼に「ロック」の心得を教え、ロックバンドに練習をさせ（バンドの全員が
楽譜を読めませんでした）、照明デザイナーに演奏指示を出すことでした。こ
のときまでに私はすでに、クラシックの演奏家ではなく、現代ロックの演奏
家に変身をしていました。つまり、わたしはバイリンガルならぬ「バイ・ミ
ュージカル Bi-musical」（Nettl, 1995）になったのです。

　若い頃からクラシック音楽の演奏を学んできた人の多くが、現代のポピュ
ラー音楽へと引き込まれます。特に、変化の大きい 10 代です。それは音楽
とアイデンティティの形成が密接につながっているからです（Shuker, 1998）。

私もビートルズに魅せられました。シート楽譜を買ったり、耳コピをしたりして、歌を覚えました。レストランやピアノ・バーでのアルバイトでは、バックミュージックとして、ポピュラー音楽（特にビートルズ）を演奏していました。この仕事をすることで、メロディーとコード記号だけで演奏したり、お客さんのリクエストに応じて、思い出の曲を演奏したりできるようになりました。しかしながらロック音楽を学ぶときに最も重要なのは、とにかく仲間たちとうまくやっていくことや、みんなで即興を楽しむことであり、レパートリーやジャンル、音響技術などの知識を共有し、バンドを組んでいる（あるいは、オーディションを受ける）ことに自信がもてるようになることなのです。私も現代風に歌えるようになりました。こうすることで、私も仕事にありつけることができました。仲間たちといっしょにポピュラー音楽を学んでいく協同学習のプロセスは、バイトン（1997）、ベネット（1980）、コーエン（1991）、グリーン（2001）らの研究書にも紹介されています。クラシック音楽の学生たちによる協同学習については、本書では第7章でスミルデが紹介していますが、徐々に関心が高まっています。

ビジネスの世界に入る

　私のプロテウスの旅を続けましょう。ある時ワイン・フィンドレイ*4から、いっしょに商業音楽の仕事をしないかという誘いがありました。私にとっては未知の分野でしたが、スカルソープのもとでさまざまな見習い仕事をしてきましたので、できないことはないという気持ちがありました。フィンドレイは大学を中退して、ロックバンドに入り、音楽的訓練も受けていたことから、自前のバンドをもっていないアーティストのために編曲の仕事をするようになりました。私たちがビジネスをはじめたとき、彼はすでにセッション・グループ、ソングライター、編曲家、オーディオ・エンジニアたちともいいネットワークを築いていました。そのうちの何人かは商業音楽で成功している人たちでした。

　最初の仕事は、自分たちの音楽のデモ・テープを製作することでした。私

たちには音楽の才能と頭脳そして悪知恵以外の資本はありませんでしたので、知り合いの好意にすがって、とにかく知恵を貸してくれるように頼みました。この中には、後に音楽産業で有名になった、当時の才能ある高校生3人も含まれていました。世界初の音楽専用コンピュータ「フェアライト」の発明者のひとりとなるキム・リー君は、4トラックのオープンリールのテープレコーダーをもっていて、プロジェクトの技術面を担当してくれました。ジェフ・コリンズ君は後に優れたフルーティストになるのですが、いくつかのトラックで演奏してくれました。そしてキャメロン・アレンは後に映画作曲家、レコード・プロデューサーとして活躍しますが、彼はトロンボーンを演奏してくれました。

　商業音楽で成功するには、さまざまなスタイルが要求されます。そしてどんなスタイルがいいかは、商品のタイプによるのです。ユーモラスな効果を得るためには、ある音楽のスタイルをパロディー化することが重要です。最近のスタイルに接することも重要で、トレンディなサウンドが若者向けの商品の売り上げをあげます（Hannan, 2003）。商業音楽を以前に作ったことがありませんでしたので、試しにデモ・テープを作ってみました。ラングラーのジーンズには、カントリー調のコマーシャルソングを、そして歯磨きチューブのコマーシャルには陽気なカリプソのイディオムを使いました。さまざまなスタイルや雰囲気をもつ器楽や声楽のほとんどの現代的なジャンルの曲を録音しましたし、その中には（当時「スウィッチド・バッハ」が流行していましたので）バロック風の曲も含まれていました。こうしたことをすべてやり遂げるために、私たちはコピーライター、ソングライター、作曲家、編曲家、音楽ディレクターやプロデューサーなど、一人何役もしました。そしてボランティアの方々とも仲良く仕事をしたのです。

　デモ・テープの編集を終えて、いよいよ仕事を探すときになりました。音楽業界でのネットワークの方はどんどん広がっていたのですが、広告代理店（エージェンシー）の世界にはまったく縁がありませんでした。「イエローページ Yellow Pages」（職業別電話帳）を見ると、シドニーにはおよそ100のエージェンシーがあることがわかりました。大きな都市では当然ですが、エー

ジェンシーと言っても、マッキャン・エリクソンやJ.ワルター・トンプソン（現在はJWT）といった多国籍の会社から、2〜3人程度の事務所まで、さまざまでした。そこでアルファベット順に、各会社の広告担当者に連絡をとりました。たいていの会社で、私の演奏やテープのいくつかのトラックを聴いてもらえました。しかしこれでわかったのですが、ほとんどすべての会社にはすでに専属の作曲家がひとり、あるいは複数いて、実際のところ、仕事を得ることは不可能だったのです。これには心が折れました。そこでもう一度、エージェンシーのリストの上から順番に売り込みをかけたところ、私たちのしつこさが功を奏したのか、私たちがすでに強いつながりをもっていた人が務めている小さな会社、数社から仕事が舞い込んできたのです。デモ・テープに実際の広告で使用したトラックが加わると、事はもっとうまく運ぶようになりました。

　仕事がありつけたのは、ビジネスのあまり面白くない、細かなことを学んでいたおかげでした。例えば、ビジネス構造、商標登録、税金、保険、契約、予算計画、会計、キャッシュフロー、利益予測などです。音楽ビジネスの自己啓発本の市場が最近拡大していますが（Cann, 2007; Dann, 2003; Passmore, 2004; Simpson, 2002）、その当時のワインと私は、経験を積んだフリーランスの音楽家に話をしたり、試行錯誤をしたりというふうに、かなり「がちんこで」仕事を探してしていたのです。

　私たちが商業音楽の作品を作るときによく利用した施設のひとつが、アルバート・スタジオです。ここはシドニー（現在はロンドン）を本拠地としている音楽出版社J.アルバート＆サンに所属していました。プロデューサーはハリー・ヴァンダとジョージ・ヤングで、ロックバンド「AC/DC」の録音したときは、すばらしい時間を経験しました。ギタリストのジム・ケリー、ベース奏者のグレッグ・リオン（後に、音楽学部の同僚になり、長年いっしょに仕事をしました）、そしてスライド・ギターのカーク・ロレインジ（あとで紹介するプロティアンな音楽家のひとり）といった、すばらしい仲間といっしょに仕事ができたことは、私たちにとっても名誉でした。

　アルバート・プロダクションの建物でたむろしていると、楽譜出版の部門

の人と話す機会がありました。すると、ロック音楽を楽譜にしてくれる人を探しているというのです。これはてっとり早く金になる仕事だと思いました。しかしながら音楽大学レベルの聴音能力では、ロックのような複雑なシンコペーションのリズムは手に負えないことを、すぐさま知りました。もっともその後数十年で、私は出版名簿にあるすべてのアーティストの歌、約400曲のリード・シートを完成させました。この仕事はあまり税金も取られず、いい小遣い稼ぎになり、大学院の学費の支払いの足しにすることができました。このような仕事は、音楽大学で学んだスキルを音楽産業の日常的な業務に活かした典型例です。そしてもちろん副産物もありました。この仕事をするうちに、聴音能力が高まり、ポップソングの構造や譜面おこしについて、多くのことを学ぶことができたのです。

研究の世界へ

　私の人生はアカデミックな世界へと進路を変えます。私はフランスの作曲家、オリヴィエ・メシアン（1908-1992）の音楽、特に和声技法に強い関心をもっていて、研究テーマもこれに決めました。メシアン自身もプロティアンの音楽家のモデルです。彼は記念碑的な作品を残したことで有名ですが、1931年から亡くなるまでずっと、パリの三位一体教会のオルガニストを務めていました。60年以上もミサ、祝祷、婚礼、葬儀でオルガンを弾き、それに加えて作品の演奏や即興演奏を披露してきたのです。音楽史上、最も長い期間にわたって、ひとつの職に就いた音楽家にちがいありません。

　メシアンはまたプロのピアニストでもあり、若い頃はツアーで演奏していました。1941年からパリ音楽院で和声学の教授となり、1966年から1978年までは作曲の教授となりました。彼の多くの弟子の中には、ブレーズ、シュトックハウゼン、クセナキス、ゲール、デイヴィス、テオドラキス、バラケなどがいます。さらに音楽家だけであることに満足できなかった彼は、鳥類学者となり、最初はフランスで、後には世界中で野外調査をして、鳥の鳴き声を記録し楽譜にしました。メシアンはまた自身の作曲技法について解説

書を書いた稀有な作曲家のひとりです（Messiaen, 1947）。さらに音楽分析に関する文章を多く書き、一部は生前に出版されていましたが、死後、8巻本に編集されて出版されました（Messiaen, 1994-2002）。また自身の声楽曲『ハラウィ』（1945）やオペラ『アッシジの聖フランチェスコ』（1975-1983）の歌詞も作っています。

メシアンの音楽は今なお、私に大いなるインスピレーションを与えてくれます。彼の音楽を愛していた私ですが、研究指導をしてくれる人がいなかったこと、そしてメシアンについて書かれた研究書がフランス語で書かれていたことから、メシアン研究を継続することができませんでした。ヨーロッパの主要な言語で書かれた雑誌論文を読む語学力は、音楽学の学生に求められていたのですが、残念なことに、私にはそのような力がありませんでした。そのようなわけで、私は研究テーマを変更して、ピーター・スカルソープの音楽を選んだのです。これは選択すべきテーマでした。というのも、私は長年彼といっしょに仕事をしてきましたし、彼の作曲譜、スケッチ、重要な資料を見ることができました。彼に直接インタビューして、彼の人生や音楽についての考えを聴くこともできたからです。ある意味で、私はこのテーマで約5年もの間、フィールドワークをしていたようなものです。他のプロティアン・キャリアへの「遠足」でたびたび中断されましたが、私は1978年にこの研究を完成させることができました。

音楽を言葉で表現する

私のプロティアン・キャリアの「遠足」のひとつが、音楽ジャーナリズムの世界に足を踏み入れたことです。友人のスーザン・ダーモディが「ショービジネス」という隔週発行の商業雑誌の編集をしていました。この雑誌が主に扱っていたのは、舞台、テレビ、映画です。しかしこれら3つのジャンルの間に関連がないことを知っていたダーモディは、これらをつなぐために、音楽コラムの連載と演奏会批評を書いてくれないと言ってくれたのです。私はこの仕事のおかげで、音楽の現場（ネットワーク）で何が起こっているの

かがわかりましたし、音楽のさまざまなジャンルに関する知識も増えました。そして限られた文字数の中で、わかりやすい文章を短時間で書くスキルを磨くこともできました。このときから私は、音楽ジャーナリストとして、特に現代音楽のレコードの批評家としての仕事を続けることになりました。

もう一人の友人、スー・バトラーは大学では音楽と言語学を専攻して、百科事典の再編集プロジェクトの仕事をしていました。彼女の上司が音楽用語の専門家を探していて、私が広く音楽に通じているということで担当してくれないかと頼んできたのです。元の事典にはクラシック音楽の用語しか含まれていませんでしたので、結果的に、私がポピュラー音楽、ジャズ、ワールドミュージックなどに関する、何千もの用語を加えることになりました。これ以後私は30年以上も『マックオーリー事典』（初版1981年）の仕事をして、バトラーは今では社長になっています。マックオーリーで学んだことは、音楽分野の以外で仕事をしている人々も、プロティアンの音楽家のネットワークの一員であるということでした。

教えること

修士課程で研究をする学生は通常、将来大学で働くことを考えて、ティーチング・アシスタントの仕事をします。私も例にもれず、聴音の授業のアシスタントからはじめ、やがて鍵盤和声と即興演奏のアシスタントもするようになりました。音楽産業界で働いていた経験がここでも大いに役にたちました。スキルや知識をちょっと教えるだけで、人がどんどん成長するのを見て、本当に感激でした（Winn, 1996）。例えば、「ピアノ基礎」の学生には、授業で行うことのすべてを知らせておきます。

・異なる音部記号での初見演奏
・移調楽器を含むオーケストラ楽譜のピアノ編曲譜を作成する
・旋律に即興で和声をつける
・即興で通奏低音の和音をつける

・バッハの2声のインヴェンションのようなスタイルで、与えられたモチーフを即興で展開する

　今振り返ってみると、このようなテーマで教えたことで、これまで以上に、音楽の深いところが勉強できたと思います。「ピアノ基礎」は教えるのが難しい科目です。なぜならば、これを学びたいと思っている学生の多くが、鍵盤楽器以外の独奏楽器を専攻していて、そのうちの何人かはまったくピアノを弾いたことがないからです。このような科目は、伝統的な音楽大学のカリキュラムの中では、例外的な科目です（Nettl, 1995）。私がカリキュラム編成に関心をもつようになったのも、若い頃のこのときの経験があったからです。ピアノを経験したことのない学生が感じる葛藤やときに怒りの感情は、よくわかっていたので、練習問題の範囲を従来のものから、ブルースやピッチ・セットでの即興からメシアンが考案した「移調の限られた旋法」（Messiaen, 1947）まで拡大したのです。「どのような学習が、学生のニーズに最も適しているのか」（Ornstein & Hunkins, 2004, p.14）ということを、一生懸命に考えました。

　さらにいろんな経験をしたかったので、母校だけでなく、ニュー・サウス・ウェールズ大学やシドニー音楽院でも非常勤講師をしました。前者の大学の音楽学部にはその当時、まだ専攻生がいませんでしたので、法学部、医学部、建築学部、工学部の選択必修の教養科目として、音楽を教えていました。したがって授業では音楽というよりは、社会学的あるいは人類学的なことを中心にして教えていました。しかしこれがきっかけとなって、私は音楽実技の基本的な事項ではなく、もっと大きなテーマを考えるようになったのです。またこれとは対照的に、音楽院で私が教えていた学生は、高等学校の音楽科教員になるための勉強していました。当時は急進的な教育改革が進行していたので、私はロック音楽のスキルを教えるという契約もできたのです。ウルリッツァー電子ピアノの実験室を借りて、ソング・ライティング、12小節のブルース即興、リフからモチーフを展開する方法などを教えました。私のバンド仲間やレコーディング・セッションのメンバーがボランティアで、

第8章 音楽家のプロティアン・キャリアを考える | 175

学生たちにリズム・セッションを体験させてくれたりもしました。私が音楽
教育者としてこのような方向に進んでいくとは、夢にも思いませんでした。
ひと昔前には経験することができなかったような紆余曲折でしたね。

さらなる研究

　博士の学位を取得してから、フルタイムの仕事を探すようになりました。
唯一問題だったのは、私がオーストラリアの現代音楽を専門としていて、音
楽学の仕事に就くことになれば、中世から20世紀までのヨーロッパ音楽の
歴史と理論を教えなくてはならなかったことです。そこでオーストラリア全
体を調査してみると、作曲家が作曲法の授業の中でのみ、オーストラリアの
音楽を教えていることがわかりました。こうなると、私が大学に職を得るに
は、作曲の教員になるしかなかったのです。しかし私はいっぱしの作曲家で
はあったのですが、何の資格ももっていませんでした。とにかく正式に作曲
を学ばなくてはと思い、作曲の修士課程の学生になったのです。私はすばら
しいスタジオ・ミュージシャンたちが演奏してくれる小曲（28.5秒と58.5秒
のコマーシャル音楽）を作曲する専門家でしたが、今度は長くて、現代的な
作品と格闘して、さらには有能な音楽家たちに私の作品を演奏してもらうよ
うに、時にはかなり屈辱的な気持ちでお願いしなくてはならなくなったので
す。
　作曲のディプロマが取得できることが確実になり、常勤のポスト探しを続
けていましたが、その間の一年間、ポスト・ドクターの奨学金をもらって、
アメリカで調査研究をしました。私はかつて『マックオーリー事典』のアド
ヴァイザーの仕事をして以来、ポピュラー音楽に関する用語の研究を続けて
いましたので、カリフォルニア大学（ロサンジェルス校）で音楽民族学のコ
ースを選択しました。ヴィザの関係で給料をもらうような仕事はできません
でしたが、プロティアンの音楽家としての知識やスキルを増やす機会はたく
さん得ることができました。カリフォルニア大学には、15もの民族音楽の
アンサンブル・グループがありました。私は雅楽のグループに入って、龍笛

を担当したり、尺八の本曲のマンツーマンのレッスンを受けたり、ガーナの
ドラム・アンサンブルやバリ・ガムランのグループにも参加しました。特に
雅楽では、コンサートホールだけでなく、仏教の法要でも演奏できたことは、
すばらしい経験でした（ロサンジェルスには大きな日本人コミュニティがありま
す）。音楽民族学のゼミに参加して、さまざまな経験をしたことで、グロー
バルな文化現象である音楽の理解が深まり、私は「多音楽的 polymusical」
になったのです（Nettl, 1995）。

　音楽用語の研究を通して私は、ニコラス・スロニムスキー（1894-1995）＊5
と知り合いました。彼と会ったとき、彼は89歳でしたが、まだ音楽事典の
執筆をしていました。長く研究生活を続ける秘訣を尋ねたところ、「まだ死
ぬわけにはいかないのだよ。締め切りのある原稿がまだたくさんあるから
ね」と答えていました。実はスロニムスキーもプロティアンな人物で、ピア
ニスト、指揮者、音楽学者、事典編集者、教師、音楽批評家、作曲家、そし
て音楽著述家と、多彩です。彼の業績では、ベートーヴェン以後の作曲家に
対する辛辣な批評をまとめた『名曲悪口辞典』（Slonimsky, 2000）と『音階・
旋律の類似パターン辞典』（Slonimsky, 1947）が有名で、後者はジョン・コル
トレーン、フランク・ザッパ、ジョン・アダムスなど、さまざまな音楽家に
影響を与えました。

　私がロサンジェルスに住んでいた頃、ニコラスは「月曜夜のコンサート」
シリーズ（1939年にはじまり、現在も続いています）で初演する室内楽作品の
作曲の依頼を受けました。しかし彼はすでに弱っていて、スコアを書けなか
ったので、私がボランティアで筆記してあげて、ようやく演奏会に間に合わ
せたということもありました。またロサンジェルスでは、フェアライト＊6
のシンセサイザーの開発者であるキム・リーと、同じアパートメントに住ん
でいました。フェアライト社はこの地で事業を立ち上げたのですが、それは
アメリカ市場がとても大きくて、グローバルに成功するためにも最適だった
からです。私はアパートにフェアライトを置いて、プログラミングを学び、
それで6曲ほど作曲しました。この経験があったことで、フェアライトの
ユーザーとのつながりができて、彼らから裏技を学ぶことができたのです。

ようやく定職に

　アメリカから帰国したある土曜日の朝、週末の新聞を買いました。そこにクィーンズランド音楽院の作曲と楽典の講師募集の記事があったのです。あまりにもいいタイミングなので、運命的なものを感じました。私は正式に採用されました。音楽院は（古典的対位法を含む）作曲と楽典を教えられる人を探していたのですが、実はアジアの伝統音楽を教えられる人も探していたのです。このことは募集の記事には書いてありませんでしたが、私が広く勉強したことが役に立ったのは、言うまでもありません。もっともこの音楽院には1年間しかいませんでした。リスモーアという田舎町にある大学（現在のサザン・クロス大学）で現代のポピュラー音楽に関するコースを立ち上げるということで、私が呼ばれたのです。そこでもアカデミックな研究ができて（博士の学位を持っていて）かつ現代のポピュラー音楽を知っていて、さらに音楽産業での経験のある人を求めていたのです。

　私は音楽科長になり、クラシックの教育課程と、おそらくオーストラリアでは最初となる現代音楽の課程のカリキュラムを編成する仕事が任されたのです。これは決して容易な仕事ではありませんでした。なぜなら、その大学には実際のところ、人も施設も予算もなかったからです。唯一あった資源が、オーストラリアの音楽産業界からの支援で、この業界ではちょうど将来のためには教育や訓練が必要であると考えられていた矢先だったのです。産業諮問会議のひとつである「オーストラリア現代音楽協会（ACMI）」から、音楽の各部門から優秀な人を出してくれることになりました。レコード、音楽出版、音楽著作権、弁護士、エンターテイメント、マネジメント、音楽書籍、プロモーション、旅行、ラジオなどのセクションから、代表的な人物が集まり、チームが結成されたのです。特に中心的な役割をしてくれたのが、「ミッドナイト・オイル Midnight Oil」のドラマーでソングライターのロブ・ハーストで、これ以後も長きに渡って支援の手を差し伸べてくれました。

　コースを運営するうえで、音楽産業界からアドヴァイスをもらったり、ス

ライの報告（Sly, 1993）などを見たりする中で、現代の音楽家の教育には、ビジネスとマネジメントのスキルの修得が必要であることを知りました。しかしその一方で、音楽家には実技の訓練が大切なことは、言うまでもありません。現代のたいていの演奏家は自分で曲を作曲しますし、ソングライターはファンを作るために自分で演奏します。つまり、学生には演奏と作曲の両方の勉強が必要で、理想を言えば、両方の学位をもっていることが一番いいわけです。さらに付け加えると、現代の音楽は電子的に再生されたり増幅されたりしていますので、学生たちに音楽産業を知ってもらわなくてはならず、いろんなことを考えてカリキュラムを設計しなくてはなりませんでした。学士レベルでは、緻密な知性、創造的思考、批判的思考、文化への関心、社会的正義、職業倫理、コミュニティに対する責任など、汎用的スキルや態度を修得することが期待されました（Barrie, 2006）。

　今から思うと、私たちはプロティアンな音楽家を養成するためのカリキュラムを作っていたように思います。以下にそれら授業の内容を紹介しておきましょう。ただし、順不同です。

・**労働安全衛生**──電気の取り扱い、騒音の管理、重量物の取り扱い、高所での作業、身体酷使障害の予防、正しい姿勢、フィットネス、声のケア、あがり症対策、仕事上のストレスの管理、観客の誘導、道路の安全確保、ワークライフ・バランス、薬物乱用予防

・**作曲**──作曲、作詞、音楽理論、音楽分析、編曲、プログラミング、シンセサイザー、レコード制作、映画音楽の作曲

・**演奏**──器楽と声楽の演奏法、ソルフェージュ、演奏論、さまざまなジャンルの音楽の演奏、即興演奏の理論と実践、演奏音響、ステージの配置、ステージ上のエチケットや動作、聴衆との対話、化粧や服装、暗譜、作品の知識、アンサンブルのスキル、指揮法、伴奏楽譜の作成と読み方

- **テクノロジー**——ライブ・サウンド、照明や映写、サウンド・デザイン、ステージ・マネジメント、劇作法、レコーディング、エディティング、信号処理、ミキシング、マスタリング、システム・デザイン、作曲法、マルチメディア、トラブルシューティング、危機管理

- **ビジネス**——産業構造、キャリア設計、知的財産、契約（演奏、レコーディング、出版、エージェンシー、マネジメント、マーチャンダイジング）、イメージ創出、交渉、セルフプロモーション、広報、起業、ネットワーキング、聴衆開拓、ビジネス・マネジメント（ビジネス構造、資金調達、市場分析、マーケティング、マーケティング技術、ビジネスプラン、保険、ビジネス・コミュニケーション、オフィス経営、オフィス技術など）、プロジェクト・マネジメント（計画、チーム形成、品質保証、予算編成、スポンサー、助成金申請、コンフリクト管理、プロジェクト評価）、タイム・マネジメント

- **背景の研究**——ポピュラー音楽史（様式、技術、法律、ビジネス実践、文化の動向）、音楽文化（世界の諸民族の音楽、グローバル音楽産業）、業界分析（ジャンル、製造、商品化、消費、人口動態、調停、テクノロジー化、配分、著作権、正当性、アイデンティティ、検閲、文化政策、グローバリゼーション、地域主義、趣味、流行、ジェンダー、民族性など）

- **汎用的スキルの修得**——音楽活動や音楽ビジネスのすべての面について反省的に行動できる能力を含む

　驚くほど幅広いスキルや知識が、現代の音楽家の教育に不可欠であると認められてきました。しかしクラシックの音楽家やそのほかのプロの音楽家に求められるものと、実際のところ、どのくらい違うというのでしょうか？例えば、反省的態度は自分を批判的に見る方法のひとつで、教育期を終えてからの成長に欠くことはできないものです。マーティンは「社会的行動とし

ての音楽」を論じたときに、成功した音楽家というのは、自分を振り返って
常にやり方を変えて、仲間、契約者、聴衆の受けをよくするように努力して
いると、報告していました（Martin, 1995）。仲間の音楽家の音楽性や性格を
正確に判断できる能力は、プロの音楽家の競争的かつ親密な環境にあっては、
例えば、代役を探す場合などに必要となります（Cottrell, 2004）。同じような
労働安全上のケースは、すべての音楽家に該当します。楽器奏者は筋肉を使
うアスリートですので、演奏のための体系を維持するためには、楽器を演奏
するときの筋肉を鍛えておかなくてはなりません。

　バロックからロマン派までの時代とは違って、現代のクラシックの音楽家
は作曲をしませんが、作曲や編曲ができるということは、持っていて損はし
ないスキルです。音楽家としての満足度を高め、収入増を図る手段となりま
す。また現代のクラシックの作曲家なら、たいていの人は自分で作品の演奏
を指揮したり、専属の演奏団体を擁していたりします。さらにクラシック音
楽関連の多くの企業や個々の音楽家は、市場での優位を維持するために、ア
ンプ、照明、映像などを使用して、作品の発表の方法を模索しています。さ
らに（現代音楽、ジャズ、クラシック、ワールドミュージックの）フリーランス
の音楽家は自営業者で、最新のツールを活用し、ビジネスを展開することで、
自らのキャリアを歩んでいます。オーケストラやオペラ劇場で雇われている
クラシックの音楽家でさえも、フリーランスで演奏したり教えたりという仕
事を、いくつもこなしているのです。

アカデミックな世界

　教育機関でフルタイムの仕事に就くことを、私は常々望んでいたのですが、
ようやく望みがなえられて、フリーランスの音楽家としてという、忙しいな
がら逞しい生活から解放されました。しかし私の新しい仕事は、これまでの
キャリアに劣らず、プロティアン的でした。実際に音楽院や音楽大学で働く
音楽家は、演奏家であり、作曲家であり、エンジニアであり、さらに研究者
であり続けることが求められ、いろんなことをしなくてはならなかったから

です。仕事の中心にあるのは教育でしたが、ひとつの専門領域について教えることは求められず、最近の話題を知らない領域を教えるとなると、準備も大変で、ストレスにもなりました。さらに管理運営的な仕事もついてきて、かならずしも管理職の職員だけがするという仕事ではなかったのです。例えば、大学経営に関する委員会に出席したり、コミュニティの機関への貢献をしたり、そのアドヴァイスもしなくてはなりませんでした。修士の学位の取得が昇任の条件となっていることもあり、教授資格を持っていない教員には、修士の学位を取得してより高度な研究をすることが求められ、業績のある演奏家や作曲家であっても、論文を執筆することが求められました。研究業績がさまざまな形で公表することが、芸術上の業績よりも高く評価されているのです（Biggs, 2009）。

　官僚的な文化が支配して何をするにしても多大な時間を要する管理運営の仕事に慣れない芸術家にとっては、アカデミックな世界はおそらくそれほど理想的な世界ではないでしょう。しかし創作や演奏の活動を継続したり、才能ある学生から学ぶことができたりすることは、研究職に就くことを望む人たちにとっては多くのメリットがあります。確かにフルタイムの職に就くということは、国際的に演奏活動したい人にとっては、水を差すようなことかもしれませんが、後々に国際的な活動するときの、足がかりになることもあるのです（このように相反するキャリアの組み合わせについては、大学教員として働く作曲家や演奏家へのインタビューによる論文において論じています。Hannan, 2006 を参照）。

　アカデミックな世界での私の作曲や研究の活動は、そのいくつかはまとまったものではありませんが、全体としてプロティアン的です。研究はそれなりの目的をもって行われるものですが、創作活動はかなり実験的です。革新的な作品を創作しようとすると、どうしてもこのような傾向になるのです。しかしメシアンへの尊敬をこめて私は、モズの鳴き声を使って、多くのピアノ曲を作曲し、演奏してきました。活字業績としては、カリキュラムを構想するために、現代作曲家のコンピテンシーと他の音楽産業の活動について長年調査しましたので、このテーマでの論文が多数あります。また音楽に関す

る150もの職業を取り上げたキャリアについての本を執筆しました（Hannan, 2003）。10年ほど前になりますが、予期せぬことに、オーストラリアの映画音楽に関する記事を書く機会を得ました。その後も同じような機会があり、ついに映画音楽の分野が私の研究活動の中心になってしまったのです。私が教える修士課程の学生の多くも作曲の学生で、彼らの研究は実践を基本とした研究でしたので（作品と課題研究を提出してもらいました）、私も実践的な芸術研究として、私自身の創作や演奏に関する報告書を書くことからはじめたわけです。そしてフィンランドで開催された「ビートルズ2000」会議に参加したのを機に、ビートルズの音楽研究が私のもうひとつの研究領域になりました。

　あらゆる種類の音楽で生産と消費の状況が急速に変化していますので、テクノロジーと消費を中心にした以前のカリキュラムも変わっていかなくてはいけません。例えば、今日の音楽家は、MySpaceやFacebookなどのソーシャル・ネットワークを通して聴衆を発掘し、YouTubeなどの動画共有サイトでクリップを投稿することで、自分たちの作品に対する関心を呼び、ブログやポットキャストでもって、プロモーションをしたり、ビジネスを展開したりしています。

　Facebookのような既存のソーシャル・ネットワークは、すでに100万以上のオンラインのコミュニティが存在しているというメリットはあるのですが、宣伝したいビジネスに関心をもっているメンバーたちとつながるというわけではありません。そうなると、特定の顧客に特化したサイトをはじめるのがいいでしょう（Weber, 2007）。例えば、「初心者とベテランのためのギター」は、旧友のカーク・ロレインジ[*7]がはじめたサイトで、いろんな商品の他に、自分の本『プレイン・トーク：これまでとはまったく違うギター教則本』を宣伝しています。

　ロレインジが1990年代にこの本を発表したとき、ギター教則本の市場に物足りなさを感じて、伝統的な記譜法ではなく、メッセージを伝える手段として、言葉とともに漫画風のイラストを使ったのです。ネットによるソーシャル・ネットワークが誕生すると、彼はウェブサイトを立ち上げ、100のフ

リーレッスンを提供し、12万1,000人のコミュニティ・メンバー（現在も1日100人の割合で増加しています）を対象にしたフォーラムを開設するというような、大胆な展開を行ったのです。メンバーたちはサイトと応答し、自分の作品を投稿し、他のメンバーと会話やコラボを楽しみ、自分の演奏活動に活かしています。このサイト（やYouTube）によって、彼は本やその他の商品の市場開拓に成功したわけです。特に、メンバーがオンラインでのフリーレッスンを希望した場合は、学習のためのハーフ・スピード・ヴィデオやギター・プロファイルといった追加の教材も、ダウンロードして購入することができます。またサイトではたくさんの取引が行われていますので（あるときは1630人のオンラインのメンバーが記録されました）、グーグル・アドセンスからの収入もかなりありました。「初心者とベテランのためのギター」は、「プロとユーザーのコンビネーションが生み出した新しいマーケティング」が成功したすばらしい例です（Weber, 2007, p.38）。

カーク・ロレインジはプロティアンの音楽家です。数十年に渡って高い人気を誇るギタリストで、シンガーソングライターであり、音楽産業界の有名人とツアーできる音楽家であり、影響力のある教師であり相談役であり、教科書の著者でありイラストレーターであり、そしてウェブ・デザイナーであり、オンライン市場の専門家です。ビジネスで成功した音楽家というのには、どのようなことができるのか、そして未来の音楽家に何ができるのかを知っているのが、いったい誰なのかが、ここからよくわかります。そう、それはプロテウスです。彼なら私たちにじっくりと話をしてくれ、教えてくれるでしょう。

おわりに

話ができるカエルが生き延びていくためには、べつにプロティアンである必要はありません。しかしクラシックの音楽家は、そうはいきません。オーケストラやオペラ劇場で専属で働いているすべての音楽家には、永遠の変化が求められ、しかもその姿は何千とあるからです。

仕事上のネットワークを作ることで、伝統的な音楽に期待されている以上のことがますますできるようになります。私自身のプロティアンのキャリアについて言えば、すべてがつながっていました。新しい仕事を得るチャンスは、仕事上のネットワークを拡大した結果でしたし、同時に、学校や卒業してからも学習してスキルを獲得した結果でもあるのです。新しいチャンスは、それに先行するチャンスによって可能になったわけです。

　芸術におけるフリーランスと同様に、音楽のフリーランスもビジネスです。ビジネス・マネジメントに何が必要で、自分の作品を聴いてくれる聴衆をどのようにして広げていくのかがわからないような音楽家は、自分を安売りするしかありません。しかもたいていのプロの音楽家は生きていくために、さまざまな活動をしていますが、これらの活動は決して生きていくためだけに行われているわけではありません。音楽家であるということは、演奏家、作曲家、編曲家、プロデューサー、オーガナイザー、監督、教育者、研究者、批評家、思想家、プロモーター、広告家、ファシリテーターという多くの顔をもつことです。これまでに教育や経験を通して獲得したスキルを活用する方法は音楽家にはたくさんあります。そしてたいていの音楽家はこのような形で活動できることを誇りに思い、満足しているのです。

参考文献

Barrie, S. (2006). Understanding what we mean by generic attributes of graduate. *Higher Education*, 51, 316-341.

Baynton, M. (1997). *Frock rock: Women performing popular music*. Oxford: Oxford University Press.

Bennett, H. (1980). *On becoming a rock musician*. Amhurst: The University of Massachusetts Press.

Beeching, A. (2005). *Beyond talent: Creating a successful career in music*. Oxford: Oxford University Press. —— A. ビーチング『BEYOND TALENT（ビヨンド タレント）日本語版：音楽家を成功に導く 12 章』箕口一美訳（水曜社、2008 年）

Biggs, Iain. (2009). *Art as research: Creative practice and academic authority*. Saarbrücken: Verlag Dr. Müller.

Cann, S. (2007). *Building a successful 21st century music career*. Boston, MA: Thomson Course Technology.

Chang, H. (2008). *Autoethnography as method*. Walnut Creek, CA: Left Coast Press.

Chetwynd, T. (1982). *A dictionary of symbols*. London: Paladin.

Cohen, S. (1991). *Rock culture in Liverpool: Popular music in the making*. Oxford: Clarendon Press.

Cottrell, S. (2004). *Professional music-making in London: Ethnography and experience*. Aldershott (Herts): Aschgate.

Dann, A. (2003). *How to succeed in the music business*. London: Omnibus Press.

Ellis, C. (2004). *The ethnographic I: A methodological novel about autoethnography*. Walnut Creek, CA: AltaMira Press.

Evans, I. (1971). *Brewer's dictionary of phrase and fable*. Revised edition. London: Cassell.

Green, L. (2001). *How popular musicians learn: A way ahead for music education*. Aldershot: Ashgate.

Hannan, M. (1978). 'The music of Peter Sculthorpe: An analytical appraisal with special reference to those social and cultural forces which have influenced the formation of an Australian vision.' PhD thesis, The University of Sydney.

Hannan, M. (2003). *The Australian guide to careers in music*. Sydney: UNSW Press.

Hayes, D. (1993). *Peter Sculthorpe: A bio-bibliography*. Westport, CT: Greenwood Press.

Homer, (1946). (trans. Rieu, E.). *The Odyssey*. Harmmondsworth, UK: Penguin Books. ——ホメーロス『オデュッセイアー（上・下）』呉茂一訳（岩波文庫、1971 年）

Kimpel, D. (1993). *Networking in the music business*. Cincinnati, OH: Writer's Digest Books.

Jave, J. & Wenger, E. (1991). *Situated learning: Legitimate peripheral participation*. Cambridge: Cambridge University Press. —— J. レイヴ、E. ウェンガー『状況に埋め込まれた学習：正統的周辺参加』福島真人訳（産業図書、1993 年）

McLellan, H. (Ed.). (1996). *Situated learning perspectives*. Englewood Cliffs, NJ: Educational Technology Publications.

Magee, J. (1996). 'From fine cut to mix: An exploration of processes and issues in Australian film score composition.' BA Honours thesis, Southern Cross Univerisity.

Martin, P. (1995). *Sound and Society: Themes in the sociology of music*. Manchester: Manchester University Press.

Messiaen, O. (1944). *Technique de mon langage musical*. Paris: Leduc. ―― O. メシアン『音楽言語の技法』細野孝興訳（ヤマハミュージックメディア、2018 年）

Messiaen, O. (1994). *Traité de rythme, de couleur, et d'ornithologie*. Paris: Leduc.

Nettl, B. (1995). *Heartland excursions: Ethnomusicological reflections on schools of music*. Urbana, IL: University of Illinois Press.

Ornstein, A., & Hunkins, F. (2004). *Curriculum foundations, principals and issues* (4th ed.). Boston: Pearson/Allyn & Bacon.

Passmore, D. (2004). *All you need to know about the music business*. London: Penguin.

Shuker, R. (1998). *Key concepts in popular music*. London: Routledge.

Simpson, S. (2006). *Music business* (3rd ed.). London: Omnibus Press.

Slonimsky, N. (1947). *Thesaurus of scales and melodic patterns*. New York: C. Scribner.

Slonimsky, N. (2000). *Lexicon of musical invective*. New York: W.W. Norton. ―― N. スロニムスキー『名曲悪口事典：ベートーヴェン以降の名曲悪評集』伊藤制子、大田美佐子訳（音楽之友社、2008 年）

Sly, L. (1993). *The power and the passion*. Sydney: Warner Chappell.

Weber, L. (2007). *Marketing to the social web: How digital customer communities build your business*. Hoboken, NJ: John Wiley & Sons.

Winn, W. (1996). Why I don't want to be an expert sitar player. In McLellan, H. (Ed.). (1996). *Situated learning perspectives* (pp.175-187). Englewood Cliffs, NJ: Educational Technology Publications.

訳注

＊1　ホメーロスは古代ギリシャ時代の詩人。『イーリアス』『オデュッセイアー』の作者として知られる。

＊2　コリン・ブライト Collin Bright (1949-) はオーストラリアの作曲家。

＊3　ピーター・スカルソープ（1929-2014）はオーストラリアの作曲家。オーストラリアの自然を想起させる作品が知られている。

＊4　ウェイン・フィンドレーはヘビーメタルのギタリスト。

＊5　ニコラス・スロニムスキー Nicolas Slonimsky (1894-1995) は、アメリカで作曲家・指揮者・音楽評論家・辞書編集者・作家として活躍した。

第8章 │ 音楽家のプロティアン・キャリアを考える │ 187

＊6　フェアライトとはオーストラリアの電子楽器メーカー。1980 年に発売された「フェ
　　アライト CMI」が有名。
＊7　カーク・ロレインジ Kirk Lorange はオーストラリアのギタリスト。

リーマンショック後の状況

　ここまでに私が書いてきたことは、音楽家がプロとして生きていくために何をすべきかという実証的な研究というよりは、私自身の多面的な（プロティアンな）キャリアをお話したにすぎませんでした。そもそも私の音楽人生は、音楽産業に関するさまざまな仕事にはじまり、その後の 30 年間というのは、ひたすらポピュラー音楽の専門家を養成し音楽産業界に供給するというものでした。こう考えると、確かに私は日々音楽実践、音楽文化、さらに実際の職業生活に音楽家たちを適応させるためにはどうすれば一番良いのかを研究してきたのではありますが、実際のところは、私の仕事は音楽産業そのものというよりは、高等教育における教育産業を中心してきたように思います。

　さて、私がこの章を書いてから、つまり、リーマンショック後に、いったい何が変わったのでしょうか？　オーストラリアの経済は、政府が雇用や経済成長を促進するために大規模な公共事業に財政支出したことで、景気停滞の影響は比較的軽傷にとどまりましたし、金融機関も危険な融資などについては多数審査されたりはしたのですが、アメリカやヨーロッパ諸国の金融機関ほどに経営を引き締めることはありませんでした。

　しかし第 5 章でベネットが「リーマンショック後の状況」について報告してくれたように、オーストラリアでは芸術関連の政府予算が大幅に削減されて、多くの音楽家たちが影響を受けました。こうした予算削減は、2013年に保守連合政権が誕生してはじまりました。特に影響を受けたのは、クラシックやニュークラシックなどの、国からの助成に頼ることの多い、非営利で活動する分野でした。

　非営利の分野はさらに別の問題に対処しなくてはなりませんでした。それは、CD のようなモノとして音楽を販売する方法から、デジタル配信やストリーミング・サービスへと、音楽市場が変化したことです。しかしブレット・コトゥルが報告したように、オーストラリアの作曲家たちの利益配分は、

オンライン・サービスのサブスクリプションの急速な増加によって、改善されつつあるようです。作曲家たちの音楽出版全体の利益配分は、今なお年あたり10％ほど増加しつつあります（Cottle, 2016）。

　他方で、10年前までは全盛だったライブの音楽演奏の経済的な見通しは、グローバル企業がオーストラリアの市場に参入したことで、ツアーコストの増加を招き、今のところ、現状維持という状態です。

　オーストラリアの現代音楽の経済状態は比較的健全ではあるのですが、新進気鋭の音楽家たちにとっては、満足できる状態ではありません。この分野での成功の分け前に与るには、音楽実践のすべての側面をカバーするスキル（演奏、音楽性、作曲、プロデュース）を懸命に磨かなくてはなりませんし、ネットワーク作り、コミュニケーション、マーケティング、ビジネス・マネジメントにも通暁してなくてはならないでしょう。

参考文献

Cottle, B.（2016）. Roundtable Highlight: Australian Music Industry Trends and Forecast - The Expert View.（https://musicaustralia.org.au/2016/08/roundtable-highlight-australian-music-industry-trends-and-forecast-the-expert-view/）

編訳者あとがき

久保田慶一

　私はあと数年で大学教員としての人生にピリオドを打ちます。音楽学、特に音楽史研究を専門にしてきましたが、ここ 15 年ほどは、音楽家や音大生のキャリアを研究テーマにしてきました。音楽史研究ではバッハの息子たち、とくに次男のカール・フィーリプ・エマヌエルや、ヴォルフガング・アマデウス・モーツァルトの父レオポルトを研究してきたのですが、これも音楽家という職業や家族の問題を扱ってきたということでしょうか。音楽学としての作曲家研究と教育学や経営学としてのキャリア研究は、まったく無関係であるとは言えないのかもしれません。このような理解も、音楽学研究者としての私自身のキャリアという「跡付け」なのかもしれません。

　それにしてもなぜ、音楽家、特に音大生のキャリアが学問的研究の対象になるのでしょうか。私をはじめ、我が国でもこうした問題に関心をもっている大学教員は少なからずいますし、本書の著者となっている人たちも、国際音楽教育学会（ISME）の部会などを通して、相互に連携しあい、音大生のキャリアの問題を共有しておられます。はたして、一般大学においても、それぞれの学部の特性に応じて、学生のキャリアが研究の対象になっているのでしょうか？　その点では、音楽の分野はかなり特別な要素を孕んでいるように思われます。

　昨今、我が国では音楽大学や音楽学部に入学する学生が減少しています。しかしこれを詳細に見ますと、今から 20 年、30 年前に「マンモス音大」であった大学の学生数が大きく減少しているだけで、1 学年の学生定員が 200

人から300人程度の大学では、それほどの減少は見られません。これには別の要因が作用していると思われます。このことについては拙著『2018年問題とこれからの音楽教育』（ヤマハミュージックメディア、2017年）を参考にしていただければと思います。こうした日本の特殊要因を除いてみても、どうして、音大生のキャリアが世界共通の問題となるのでしょうか。

　本書の著者たちも含めてそうですが、音大生のキャリア支援に熱心な人たちは、学生たちに対する同情から研究や実際の支援をしているわけではありません。中にはかつては演奏家を志望していた人もいるのですが——私もそのうちのひとりですが——、決して「演奏家くずれ」になってしまったことの代償でもありません。事実、彼らの研究はデータやエビデンスに基づいて音楽大学の在り方を問うていて、音楽教育学、職業心理学、人材育成といった他分野でも十分通用するレベルのものなのです。7人の著者の方々が「リーマンショック後の状況」を説明してくれていますが、ここ10年の間に、こうした研究が進展しており、それに対応した音楽大学の取り組みも加速しています。もっとも残念なことですが、日本においては、音楽家のキャリア研究の分野での蓄積はまだ十分なものではありませんし、音楽大学の対応もいまひとつという感じがします。

　日本の音楽大学でもさまざまな教育研究が行われていますが、本来的には、演奏家や音楽関連の専門家を養成する教育機関であるわけですから、卒業生が音楽をどのように職業としていくのかは、洋の東西を問わず重要な問題であるわけです。つまり、音楽大学での教育が社会において職業として結実していくのかが重要であるからです。もし卒業生の誰一人として、演奏家にならないような音楽大学であるならば、音楽大学としての使命を果たしていないわけですから、存在する価値もありませんし、そもそも入学を希望する学生もいなくなるでしょう。

　実証的な研究が地道に行われている背景には、音大生のキャリア支援の必要性を感じている研究者と、危機感を共有して研究を支援する音楽大学・学部の存在があります。そして本書で展開される議論を、音楽大学の学長や経営者が自らの問題として真剣に考えているのであれば、それはきわめて健全

であると言えるでしょう。大学・学部当局は日常的に学生のキャリア支援を仕事としている人たちからの提言や警告には、真摯に耳を傾けるべきなのです。

　本書に寄稿した著者たちが勤務していたり、研究の対象としたりしているのは音楽大学ですが、日本の音楽大学とも共通する問題に直面しているのですが、少し異なる側面もあります。ここで話題になっている欧米の音楽大学に入学してくる学生は、演奏家になることをめざして入学してくる学生たちです。ですから、大学を卒業してから音楽以外の職業に就くことは、建前上想定されていません。病気や事故、家庭の事情等で音楽以外の職業に就くことはありますが、それは例外ですし、卒業後にアルバイトや非正規の仕事をすることはあっても、それは音楽活動を継続していくための手段でしかありません。

　日本では国公立の４つの芸術大学の音楽学部や私立のいくつかの音楽大学・学部に、欧米の音楽大学・学部の学生のように、将来は演奏家になることを目標している学生が比較的多いように思います。もっともここで留意しておくべきことは、私立の学校は別として、国公立の４つの音楽学部は、私立に比べて学費が圧倒的に低いことから志願者が多くなり、そのために競争も激しくなり、その結果として将来演奏家を志向できる、演奏技術の高い学生が集まっているという現状があるということです。いっぽう大学で行われるレッスンは一般的には学習者の能力に合わせて行われますので、国公立か私立ということで、レッスンの内容が異なるということもあまりないのです。いずれにせよ、こうした背景から、多くの私立の音楽大学・学部では、学生の進路は多様化します。演奏家や音楽教師になる人もいますし、音楽関連の企業や団体に就職したりするなどして、これまで学んできた音楽を少しでも活かせるような仕事に就きます。また一般企業などに就職する人もいるわけです。もっとも前述した国公立の音楽学部でも、近年では一般企業に就職する人も少なからずいます。

　音楽大学の卒業生がこのような多様な進路を歩むということは、音大生のエンプロイアビリティが高いということの証拠なのかもしれません。しかし

ここで注意しておきたいことがあります。それは、音楽大学・学部という高等教育機関で音楽を専攻したことだけで、エンプロイアビリティが高くなったわけではないということです。より正確には、大学に入学するまでの教育を通してエンプロイアビリティがかなり高くなり、そのような人が音楽大学に入学してきたと考えるべきなのです。

　どうして高くなるのかは、すでにいくつかの本で紹介されていますので、ここでは詳しくお話しません。ひとつだけ言っておきたいことは、せっかく音楽大学で音楽を専門に学んだのですから、たとえエンプロイアビリティが高いからと言って、また将来の生活の安定だけを求めて、一般企業に就職してしまって、音楽で仕事をしてみるというチャレンジの機会を捨てしまわないでほしいということです。また一般企業に就職しても、さまざまな形で音楽活動を続けてほしいと思います。同様に、音楽大学は「入学しても一般企業に就職できます」という安心感を学生募集の売りにすべきではありませんし、音楽大学で学ぶことで一般企業に就職できるエンプロイアビリティが高まるというような「呼び込み」もやめるべきでしょう。

　将来の生活の安定を第一に考えている学生や、そもそも音楽を職業にできるほどに、音楽の基礎的な能力が十分でない学生も中にはいますので、そうした人たちが一般企業に就職していく場合もあります。しかしあにはからんや、音楽関連の仕事ができるほどの実技能力の高い学生の方が、いち早く一般企業の内定を得るという場合もあるのです。音大関係者にとって悩ましいことは、本来音楽の職業人養成をミッションとすべき音楽大学の卒業生の多くが、余暇としてフリーランスで活動するにしても、一般企業に就職するという状況です。卒業生の7割、8割が一般企業に就職していく音楽大学は、今の段階では想像できないかもしれませんが、そういう時代がやってくるとも限りません。法学部の卒業生のすべてが、法曹界で活躍するわけではないのと同じように。

　本書を読まれて、日本の音楽関係者はどのような感想を持たれたでしょうか。私の印象でしかありませんが、欧米の大学では教職員が真摯に、学生たちが卒業後に音楽活動が継続できるように、カリキュラムを再度設計し、学生の支援体制を整備しているように思います。確かに欧米と日本とではすで

編訳者あとがき | 195

に述べたように、多くの私立の音楽大学の卒業生の状況は異なります。しかしこうした状況を差し引いても、学生たちに夢だけを見させておいて、卒業後はどうぞご自分でなんとかしてくださいというのは、あまりにも身勝手で、こういう状態がそうそう長く続くとも思いません。スーザン・トムズさんが経験されたようなことは、遠い過去の時代のものになっているのです。

　本書でも多くの著者が強調しているように、音楽大学生のエンプロイアビリティ、つまり汎用的能力はきわめて高いのは確たる事実です。だからと言って、その能力を音楽で活用できるように支援するのではなく、一般企業でも通用するのだから、音楽大学を卒業しても企業就職できることを、あえて強調する必要はないと思います。音楽大学としては社会に貢献できる音楽家を育てるのが社会的使命であり、そうした彼らを支援してこそ、音楽大学なのかもしれません。しかし現実として、多くの音楽大学で企業就職を含めたキャリア支援をせざるえない状況に置かれていることも、認めざるを得ない現実なのです。

　本書の著者たちと同様に、私も「プロティアン・キャリア」そして「ポートフォリオ・キャリア」が今後重要になると思っています。しかしこうした生き方や働き方が、日本の社会で、特に若い音楽家たちが実践していくには、少し時間がかかるかもしれません。小学校からはじめられる学校でのキャリア教育も、正規社員になることが理想とされていて、フリーランスで活動したり、アルバイトやフリーターをしつつ音楽活動したりすることの現実的な問題については、あまり多くを教えてくれません。おそらく一般大学、そして最も必要とされる音楽大学でも、フリーランスを想定してのキャリア教育は難しいかもしれません。そんな思いから私は2018年1月に、『音大・美大卒業生のためのフリーランスの教科書』（ヤマハミュージックメディア）を上梓したわけです。

　本書でも紹介されたさまざまな取り組みはきっと、日本の音楽大学・学部でも役にたつでしょうし、学生やすでに音楽家として活動している人でも、個人的に実践できる方法が提案されているように思います。また本書で紹介された若い音楽家たちのキャリアの例を参考にして、自らのキャリアを振り

返ってみるのも有益かもしれません。

　本書の執筆者の多くが教育家でありキャリアカウンセラーであることから、問題に向けられる視線は個人のキャリア発達に向けられています。しかし若い音楽家が社会的なミッションを実現するためには、大人社会からのサポートも同じように必要であるように思います。厳しい現実を相手に戦えというだけでは、若者が気の毒でしょう。私立の音楽大学はもっと連携を密にして、学生や卒業生を支援してあげることが必要でしょう。すでに、東京音楽大学・昭和音楽大学・神戸女学院大学音楽学部は、数年にわたって、音楽リーダー養成に共同で取り組み、その活動は今も継続しています。今後は他大学ももっと大きな枠組みで、例えば、ティーチング・アーティストの養成プログラムの開発などの取り組みが行われるべきでしょう。

　また文部科学省や文化庁などの取り組み、多くの企業や文化財団の音楽家の活動助成事業など、数多くありますが、これらすべてを網羅したポータルサイトも必要なのかもしれません。あるいは本書第3章の著者アンジェラ・ビーチングさんがニューイングランド音楽院に勤務していたときに立ち上げた「ブリッジBridge」という、全米はじめ、世界の主な国々の音楽の職業の求人サイトの日本版があってもいいように思います。こうした事業を実現するためには、さまざまな機関が連携していかなくてはなりませんが、今後、私も微力ながらこうした連携に努力していきたいと思っています。関係する方がたにお声かけをするときもあるかもしれませんが、そのときにはぜひとも協力の手を差し伸べてください。よろしくお願いいたします。

　本書が出版されるまでには多くの人の協力がありました。原著の編集者であるベネットさんには、第2部を省略しての翻訳の許可をいただいたばかりか、日本の読者へのメッセージを書いてくださいました。さらに各著者に2008年以降の状況の執筆の依頼をしてくださいました。また原著の出版社とも交渉してくださり、出版社からは翻訳版権料の放棄を申し出ていただきました。これらすべては、翻訳書の価格を下げて、日本のなるべく多くの若い人たちに読んでもらいたいという思いからでした。また本翻訳書の出版を

編訳者あとがき | 197

引き受けてくださった春秋社にも感謝します。編集に際しては、同社編集部の中川航さんにお世話になりました。その他本書にかかわった多くの人々に感謝したいと思います。また最後になりましたが、出版に際しては、私の勤務校である国立音楽大学から「国立音楽大学個人研究費（特別支給）」の助成をいただいたことを明記しておきます。

2018 年 6 月

索　引

あ行

アイデンティティ　3, 7, 8, 12, 14-28, 33-36, 71, 80, 83, 84, 98, 103, 104, 117, 118, 120, 121, 151, 154, 155, 167, 179

アカデミック　93, 164, 171, 177, 180, 181

アート　86, 91, 120

アマチュア　107, 112, 137-140, 151, 166

アメリカ　viii, 7, 39-63, 66-70, 80, 81, 84, 91, 109, 111, 118, 126, 136, 175-177, 186, 188

イギリス　iv, viii, 7, 19, 35, 36, 85, 86, 89, 91, 92, 95, 118, 134, 138, 140, 157, 166

移行期　8, 65-67, 69, 71

ヴァイオリン　iv, 42, 52, 70, 112, 115, 157

ヴィオラ　42, 92, 112, 115

映画　42, 55, 85, 86, 114, 167, 169, 172, 178, 182

エキストラ　28, 89

演奏家（奏者）　ii, iii, 3-6, 10, 11, 14, 21, 31, 40, 42, 45, 47, 49, 50, 55, 59, 72-75, 81, 88, 89, 92, 95, 106, 107, 110-115, 119, 130, 134-138, 146, 148, 151-153, 155, 161, 164, 167, 177-181, 184

演奏会　iii, 40-45, 49, 50, 53, 55, 57, 60, 61, 70, 75, 77, 78, 95, 113, 115, 117, 134, 138, 163, 166, 172, 176　→コンサート　→リサイタル

エンプロイアビリティ（エンプロイアブル）　v-ix, 86, 91, 100-102, 127, 133

お金　i, ii, 5-7, 16, 23, 24, 28, 55, 59, 64, 94, 95, 161, 163, 165, 170　→収入　→報酬

オーケストラ　iii, 5, 17, 22, 40, 44-46, 49-51, 55-57, 61, 65, 67, 81, 87-90, 111-116, 124, 130, 134, 135, 145, 149-151, 153, 162, 167, 173, 180, 183

オーストラリア　viii, 8, 44, 84-94, 101, 130, 143, 163-167, 174-177, 181, 186-189

オーディション　25, 40, 61, 67, 74, 78, 117, 118, 165, 168

オペラ　40, 43, 44, 46, 49-51, 54, 55, 62, 67, 81, 88-90, 114, 117, 121, 124, 162, 163, 165, 172, 180, 183

オーボエ　113, 114

オルガニスト　5, 171

オルガン　86, 171

音楽院　ix, 14, 25, 36, 39, 47, 53, 54, 57, 62, 154, 155, 171, 174, 177, 180

音楽学部　ix, 53, 54, 59, 87, 91, 92, 96, 104, 108, 117, 122, 127, 154, 170, 174

音楽教育　v, viii, 18, 26, 34, 36, 45, 48, 73, 91-93, 101, 104, 107, 120, 127, 136, 137, 174

音楽教室　76, 88, 108, 137

音楽産業　81, 82, 92, 118, 130, 133, 135, 168, 170, 173, 176, 179, 181, 182, 188

音楽大学（音大）　ii, iv-vi, viii, ix, 4, 8-10, 13, 18, 20, 26-29, 31, 34-37, 40, 41, 46, 47, 54-59, 65, 66, 70-73, 78, 82-85, 104-111, 114, 127-130, 132, 135, 139-147, 149-151, 154, 155, 158, 170, 173, 180

音楽事務所　ii, 48, 61, 147

音楽民族学　93, 115

音大生　i, ii, 6-9, 13, 14, 19, 21-23, 27, 28, 31, 32, 40, 46, 55, 60, 67, 69, 70, 73, 74, 83, 88, 104, 111, 120, 124, 143, 166

音大卒業生（音大卒）　ii, viii, ix, 7, 11, 17, 40, 46, 65, 67, 87, 110, 111, 132, 140-142

か行

学士　53, 55, 91, 92, 139, 143, 178

学費　55, 56, 109, 170

歌手　44, 81, 88, 111

合唱　36, 88-90, 108, 117, 118, 135, 145, 165

葛藤　14, 24, 26, 174

カナダ　viii, 9, 86, 107-120, 126

カリキュラム　v, 3, 8, 19, 26, 32, 57, 59, 66, 72, 74, 78, 84, 97, 100, 102, 104-106, 120, 123, 124, 127, 139, 142, 154, 157, 174, 177, 178, 181, 182

起業（起業家、起業精神）　3, 6, 7, 9, 31, 39, 45,
　　55, 59, 60, 63, 66, 74, 82, 94, 100, 101, 106,
　　108, 130, 134, 144, 146, 149, 152, 153, 155,
　　158, 159, 179
ギター　80, 87, 146, 147, 164, 170, 182, 183
ギタリスト　70, 80, 147, 170, 180, 186, 187
キャリア　i, iii, v, ix, 3, 4, 6-9, 11, 13-26, 28-32,
　　34, 35, 37, 39-41, 47, 54, 57-60, 63, 66, 70,
　　72, 74, 76, 77, 81, 83-86, 90, 92, 94, 96, 97,
　　99, 101, 103-106, 114, 116-120, 122, 126,
　　129, 130, 132, 134, 142, 144, 146-155, 158,
　　161, 162, 172, 178, 180, 181, 183, 188
　　キャリアパス　37, 39, 40, 70, 144
　　キャリアカウンセラー　viii, 39
　　キャリア・カウンセリング　ix, 19
　　プロティアン・キャリア　9, 10, 12, 116,
　　126, 130, 132, 161-189　→プロティアン
　　→プロテウス
　　ポートフォリオ・キャリア　iii, 10, 13, 16,
　　130, 131, 158
教師　iii, 5, 7, 14, 21, 26, 28, 30, 60, 61, 73, 84,
　　127, 130, 134, 137, 146, 152, 153, 164, 176,
　　183　→先生
緊張　iii, 13, 68
クラシック　i, 10, 48, 49, 52, 57, 83, 87, 106,
　　119, 130, 136, 146-149, 164, 167, 168, 173,
　　177, 179, 180, 183, 187
クラリネット　47, 114, 115, 119, 146, 148, 157
グローバル　3, 4, 63, 64, 70, 84, 87, 91, 101, 122,
　　133, 136, 139, 175, 176, 189
訓練　ii, 31, 36, 43, 48, 53, 86, 94, 168, 177
経済　iii, v, ix, 7, 39, 56, 59, 63, 64, 67-70, 81,
　　85, 86, 91, 116, 134, 135, 157-159, 188, 189
現代音楽　10, 21, 42, 44, 58, 92, 114, 163, 173,
　　175, 177
高校　13, 117, 127, 164, 168
高等教育　37, 46, 47, 81, 91, 92, 101, 108, 109,
　　127, 129, 139, 143, 157, 158, 188
国際的流動性　10, 129, 143
コミュニケーション　iii, ix, 11, 63, 73-76, 95,
　　96, 106, 121, 145, 153
コミュニティ　v, 9, 10, 15, 31, 32, 42, 43, 45,
　　49-52, 55, 56, 59, 61, 75, 82, 88, 106, 107,
　　115, 116, 120-124, 127, 133, 135, 136, 138,
　　154, 158, 176, 178, 181, 182
雇用　viii, 5, 9, 11, 16, 46, 48, 63, 81, 86, 90, 100,
　　109-111, 115, 130, 131, 133, 188

コラボレーション（コラボ）　4, 41, 42, 82, 137,
　　138, 141, 183
コンクール　iv, 22, 23, 40, 61, 147, 148
コンサート　i, 5, 41, 42, 49, 50, 52, 53, 55, 59,
　　70, 75, 76, 85, 107, 109, 110, 147, 149, 163,
　　166, 175, 176　→演奏会　→リサイタル
コントラバス　112, 163

さ行

才能　ii, 25, 55, 60, 63, 70, 72, 78, 82, 86, 97, 119,
　　132, 138, 147, 168, 169, 181
サクソフォン（サックス）　119, 146, 148
作曲（作曲家）　10, 41, 42, 44, 45, 79, 85, 89,
　　91-93, 107, 111, 115, 117, 25, 134, 136, 138,
　　152, 153, 164-167, 169-172, 175-182, 184,
　　186, 188
指揮（指揮者）　4, 6, 44, 65, 108.111.115.117, 146,
　　150-153, 164, 176, 178, 179, 186
自己理解　vi, 19
実社会　ii, viii, 66, 81, 108
室内楽　i, iii, iv, 21, 40, 49-52, 89, 117, 141, 145,
　　147, 176
社会　ii, iv, vi, viii, 3, 5, 9, 10, 18, 35, 36, 43, 45,
　　56, 66-70, 76, 79, 81, 82, 102-128, 130-
　　133, 135, 136, 137, 146, 150, 154, 157-159,
　　175, 178, 179
ジャズ　42, 49, 56, 70, 115, 119, 136, 148, 161,
　　163, 172, 180
写譜屋（コピスト）　5, 10
修士（修士課程）　36, 37, 53, 55, 91-93, 108, 139,
　　143, 147, 154, 173, 175, 181, 182
収入　5, 17, 28, 44, 46-48, 51, 56, 63, 83, 85, 87,
　　88, 90, 110, 111, 114, 117, 118, 164, 166,
　　180, 183　→お金　→報酬
生涯学習　3, 10, 120, 122, 129-132, 142, 144-146,
　　153, 154, 157, 158
奨学金　40, 55, 56, 61, 81, 175
常勤（専任）　46, 47, 88, 108, 112, 114, 175　→
　　フルタイム
消費　50, 107, 109, 110, 179, 181
将来の見通し　ii, 8, 14, 15, 17, 19, 28, 35
初期成人期　66, 70, 79
職業倫理　73, 78, 178
スキル　iii, vi, 7-11, 14, 19, 24, 30, 31, 36, 37,
　　44, 51-53, 58, 60, 63, 65, 67, 73-76, 81-97,
　　104-106, 108, 122-125, 130-138, 141, 144-

149, 151-157, 163, 164, 170-179, 183, 189
スモールビジネス　95, 150
声楽　43, 87, 88, 93, 115, 117, 169, 172, 178
青年期　66, 68, 70, 71, 79
先生　i, 14, 21, 39, 40, 56, 61, 104, 137, 148-150
戦略　iii, 7, 65, 92, 137, 153
創造性（創造的／創造力）　39, 42, 51-53, 55, 58, 68, 85, 86, 94, 128, 132, 134, 135, 137, 148, 154, 158, 178
即興　41, 42, 57, 134, 138, 141, 145, 146, 148, 152, 164, 167, 171-174, 178
ソロ　21, 22, 24, 25, 29
ソリスト　iv, 21, 22, 24, 31, 40, 50, 96, 106, 153

た行

対人能力　8, 58
多面的　4, 188
多様性　114, 119, 135, 136
チェロ　41, 42, 47, 52, 112
チェンバロ　3
チャンス　ii, v, 4, 7, 31, 39, 47, 63, 65, 71, 86, 90, 97, 108-110, 117, 119, 132, 135, 138, 142-144, 163, 164, 183
調査　3, 7, 14, 17, 37, 46-48, 52, 70, 84, 85, 89, 91, 92, 94, 101, 109, 111-113, 122, 129, 130, 132-135, 141-144, 153, 159, 171, 175, 181
聴衆　ii, 5, 9, 15, 23, 39, 43-45, 48-51, 53, 55, 59-61, 75, 77, 81, 82, 104, 106, 113, 135, 136, 138, 154, 166, 167, 178-184
ティーチング・アーティスト　50, 51, 53, 61, 62, 138
ディプロマ　54, 92, 175
テクノロジー　ii, 9, 39, 49, 50, 57, 61, 85, 92, 93, 106-108, 116, 135, 136, 179, 182
伝記的研究（記述）　10, 150
トランペット　146, 150
トロンボーン　173

な行

ニーズ　29, 36, 63, 77, 124, 127, 132, 140-142, 174
ネットワーク　iii, 60, 76, 77, 94, 95, 108, 109, 123, 136, 141, 142, 163, 165, 168, 169, 172, 183, 189

は行

博士（博士課程）　46, 47, 54, 93, 139, 173, 177
パトロン　5
伴奏　10, 22, 44, 115, 117, 163, 165, 178
汎用的スキル（汎用性）　iii, 19, 86, 92, 93, 98, 107, 130, 136, 137, 141, 149, 152, 155, 157, 162, 178, 179
ピアニスト　iv, 21-25, 42, 52, 70, 80, 165, 166, 171, 176
ピアノ　i, 10, 20, 21, 24, 25, 52, 86, 91, 115, 117, 164-167, 173, 174, 181
ビジネス　5, 11, 52, 57, 61, 67, 68, 72, 76, 82, 91, 92, 94, 95, 106, 130, 131, 133, 145, 162, 163, 165, 166, 170, 172, 178-180, 182-184, 189
美術　42, 54, 101
非常勤　47, 87, 108, 114, 163, 174
ファゴット　40, 112
不安　ii, iii, 8, 26, 67, 71, 96, 147
フリーランス（自営業）　5, 6, 11, 34, 45, 48, 63, 74, 95, 114, 149, 158, 162, 163, 165, 170, 180, 184
フルタイム　87, 89, 90, 174, 180, 181　→常勤（専任）
フルート　52, 54, 168
プロ　v, vi, 7, 10, 13, 14, 18, 19, 21, 23, 40, 51-53, 69, 72, 73, 76-78, 83, 88, 89, 109, 112-114, 118, 121-124, 130-133, 152, 153, 162-164, 166, 171, 179, 184, 188
プロティアン　9, 10, 122, 150, 162-165, 167, 170-176, 178, 180-184, 188　→キャリア（プロティアン）
プロテウス　9, 162, 163, 168, 183
プロファイル（プロファイリング）　3, 21, 27, 97, 98, 138, 183
プロモーション　44, 48, 49, 60, 63, 95, 135, 177, 179, 182
文化　24, 33, 37, 45, 48, 55, 60, 65, 67, 70, 84-86, 91, 103, 110, 111, 122, 130-133, 135-138, 154, 157-159, 162, 164, 167, 176, 178, 179, 181, 188
ベース　115, 161, 163, 170
編曲　6, 41, 111, 134, 167-169, 173, 178, 180, 184
報酬　ii, 47, 87-90, 111, 133　→お金　→収入
ポピュラー音楽　92, 95, 103, 109, 127, 168, 173,

175, 177, 179, 188
ボランティア　76, 108, 117, 118, 167, 174, 176

ま行

マネジメント　52, 63, 75, 91, 94-96, 130, 141, 157, 177-179, 183
メンター　3, 6, 12, 101, 146
メンタリング　60, 95, 97, 154

や行

やる気　3, 4, 8, 24, 27, 63, 64, 72, 78, 96, 97
夢　4, 15, 21-25, 29, 30, 39, 40, 44, 45, 92, 174
ヨーロッパ　6, 10, 22, 54, 57, 63, 84, 86, 107-109, 129-140, 142-144, 146, 153, 154, 157-159, 172, 175, 188

ら行

リサイタル　41, 49, 74, 75, 78, 106, 137　→演奏会　→コンサート
リーダー（リーダーシップ）　36, 46, 57, 73, 82, 106, 134, 138, 144-146, 152, 154

リハーサル　iii, 43, 44, 57, 60, 89, 95, 113, 117, 163
レコーディング　40, 49, 85, 118, 164, 166, 174, 179
レコード　41, 47-50, 54, 56, 96, 110, 116, 136, 169, 173, 177, 178
レッスン　5, 43, 45, 47, 48, 57, 70, 76, 78, 83, 85, 87, 88, 90, 97, 105, 114, 115, 121, 123, 137, 175, 182, 183
練習　ii, 18, 24, 39, 61, 73, 76, 95, 113, 137, 147, 151, 152, 155, 165, 167, 174
労働市場　8, 46, 116, 133
録音　iv, 41, 48, 56, 117, 136, 169, 170
ロック　10, 41, 163, 167, 168, 170, 174

わ行

ワークショップ　36, 59, 104, 117, 121, 138

Facebook　ii, 49, 77, 137, 182
MySpace　77, 181
Twitter　ii, 49, 77
YouTube　ii, 41, 49, 182, 183

【編著者プロフィール】

ドーン・ベネット　*Dawn Bennett*

オーストラリアの西オーストラリア州パース市にあるカーティン大学の教授で、The Employability and Creative Workforce Initiatives 代表。研究テーマは高等教育におけるエンプロイアビリティの育成。オーストラリアの国家教育評議会ならびに高等教育アカデミーの委員、国際音楽教育学会ルートレッジ・シリーズの編集顧問、国際音楽教育学会ならびにオーストリア音楽評議会の理事を務める。研究業績については、https：//www.researchgate を参照してもらいたい。(第1章、第5章)

【編訳者プロフィール】

久保田慶一　*Keiichi Kubota*

東京学芸大学教授を経て、現在、国立音楽大学教授・副学長。専門は西洋音楽史、特に18世紀ドイツ音楽史。近年は音楽キャリア研究にも従事し、関連の著書には『音楽とキャリア』(2008年)、『モーツァルト家のキャリア教育』(2014年)、『2018年問題とこれからの音楽教育』(2017年)、『音大・美大卒業生のためのフリーランスの教科書』(2018年)などがある。公益財団法人音楽文化創造理事、日本音楽芸術マネジメント学会理事、元・日本教育大学協会音楽部門代表、日本チェンバロ協会会長。

【著者プロフィール】

ロジー・パーキンス　*Rosie Perkins*

ロンドンにある王立音楽院の演奏科学センターの研究員ならびに「演奏科学修士」課程代表。研究がこれまでに「芸術人文研究評議会」、「エスメー・フェアベアン基金」、「イギリス芸術評議会」によって高く評価され、国際的な雑誌等で広く紹介されている。またノッティンガム大学のメンタルヘルス研究所ならびにイギリス高等教育アカデミーの研究員を務める。(第1章、第2章)

アンジェラ・ビーチング　*Angela Beeching*

『Beyond Talent（ビヨンド タレント）日本語版 音楽家を成功に導く12章』(水曜社、2008年)の著者。音楽家のキャリア・カウンセリングを行い、個人、団体、機関などに対して、必要な変革についての助言を行っている。雑誌『室内楽 Chamber Music』でキャリア・コラムを執筆し、音楽大学、音楽祭、会議などで講演を行っている。これまでにマンハッタン音楽院、インディアナ大学、ニューイングランド音楽院で、キャリア支援の要職に就く。国立音楽大学の招聘教授でもある。(第1章、第3章)

ジャニス・ウェラー　*Janis Weller*

教育者、研究者、コンサルタント。人格的発達と職業的発達との関係に関心をもち、持続的かつ有意義な職業人生をはじめつつある、移行期の若い音楽家を支援している。アメリカミネソタ州のセントポーリスにあるマクナリィ・スミス音楽大学の一般教養部代表兼副学部長を務め、授業科目「音楽と人生設計」を担当した。またフルート奏者としても活躍し、伝統的な記譜法による作品から図形楽譜やスカルプチュア楽譜による現代作品まで、100 曲もの新作を初演している。(第 1 章、第 4 章)

グレン・カールーザース　*Glen Carruthers*

カナダのブランドン大学音楽学部長、レイクヘッド大学音楽学部長を歴任し、2010 年からウィルフリッド・ローリアー大学の音楽学部長。研究領域は音楽学と高等教育における音楽教育で、双方の分野で多くの著作がある。海外での講演も多く、国際音楽教育学会の音楽家教育部門の代表も務めたことがある。(第 1 章、第 6 章)

リネーケ・スミルデ　*Rineke Smilde*

オランダ・フローニンゲンにあるハンゼ大学の音楽生涯学習学科教授で、ウィーン音楽演劇大学でも教鞭を執る。国際的研究グループ「音楽生涯学習」のリーダーで、音楽家と社会との関係や、音楽家の役割、学習、リーダーシップと新しい聴衆の関係について調査研究をしている。また高等教育における音楽生涯学習のさまざま側面について、多数の論文や本を発表している。(第 7 章)

マイケル・ハンナン　*Michael Hannan*

サウス・クロス大学の芸術社会科学学部の准教授。作曲家、ピアニスト、音楽研究者、ビジュアル・アーティスト、俳人として活動する。『オーストラリアの音楽キャリアガイド』(UNSW Press, 2003) を出版したほか、オーストラリア音楽評議会議長 (2003/4 年)、国際音楽教育学会の音楽家教育部分の代表 (2004/6、2008/10) を務めた。(第 8 章)

LIFE IN THE REAL WORLD:
HOW TO MAKE MUSIC GRADUATES EMPLOYABLE
edited by DAWN BENNETT ©
first published in Champaign, Illinois in 2012
by Common Ground Publishing LLC

音大生のキャリア戦略
——音楽の世界でこれからを生き抜いてゆく君へ

2018 年 7 月 20 日　初版第 1 刷発行

編著者＝ドーン・ベネット
編訳者＝久保田慶一
発行者＝澤畑吉和
発行所＝株式会社 春秋社
　　　　〒101-0021 東京都千代田区外神田 2-18-6
　　　　電話　（03）3255-9611（営業）・（03）3255-9614（編集）
　　　　振替　00180-6-24861
　　　　http://www.shunjusha.co.jp/
印刷・製本＝萩原印刷株式会社
装幀・挿画＝河村誠

Ⓒ Keiichi Kubota 2018　　　　　　　　　　　　　　Printed in Japan, Shunjusha
ISBN 978-4-393-93796-9 C0073
定価はカバー等に表示してあります

春秋社

S. トムズ／小川典子（訳）
静けさの中から
2200円
ピアニストの四季

イギリスの著名なピアニストがユーモアたっぷりに描く、第一線の演奏家の暮らしと思考。さりげない筆致の中に音楽への深く鋭い洞察を感じさせる、たぐいまれなエッセイ。

G. ユッカー／市原和子（訳）
夢の職業　オペラ歌手
2200円

名門歌劇場支配人が、若い音楽に向けて語る「オペラ歌手になる方法」。素質、勉強法、声質と役柄、自己管理術等々。シビアな現実と背中合わせのオペラの魅力を舞台裏から描く。

村田千尋
西洋音楽史再入門
2900円
──4つの視点で読み解く音楽と社会

音楽と社会の関係性に着目し、中世から近代に至る西洋音楽史の流れを「楽譜」「楽器」「人」「場と機能」の4つの視点から読み解く。それぞれの"通史"が音楽の豊穣な地平をひらく。

グイド・ダレッツォ／中世ルネサンス音楽史研究会（訳）
ミクロログス（音楽小論）
4800円
全訳と解説

"ドレミの始祖"とも呼ばれるグイドの音楽理論書を、詳細な訳注・解説とともに翻訳。中世ヨーロッパ音楽理論の歴史的解説および詳細な解題となる付録論文8本を併録。

三ヶ尻正
ヘンデルが駆け抜けた時代
2100円
政治・外交・音楽ビジネス

バッハと同じ年に似たようなドイツの地方都市に生まれながら、権謀術数渦巻く欧州を渡り歩き、オペラ・オラトリオで国際的な成功を収めた音楽家ヘンデルの実像を描き出す。

H. マクドナルド／森内薫（訳）
巡り逢う才能
3000円
音楽家たちの1853年

ブラームス、ワーグナーらが「新しい道」を歩み始めた転機の年を描く「水平的な伝記」。鉄路で欧州を巡る音楽家たちの交流の軌跡を追い、盛期ロマン派音楽の胎動を伝える。

岡田暁生
ピアニストになりたい！
2000円
19世紀　もうひとつの音楽史

超俗性をあれほど重んじたロマン主義時代の背後にあった驚くべき精神性。今日まで続くピアノ教育の起源とその過程での「芸術」の変質を、緻密な調査と圧倒的筆力で描き出す。

小宮正安
音楽史　影の仕掛人
2400円

大作曲家の影に名脇役あり。その人物がいなければ作曲家の人生も音楽史のありようも塗り替えられていたかもしれない……。タイプは違えど多士済々の群像、おもしろ人間模様。

P. デ・アルカンタラ／小野ひとみ（監訳）今田匡彦（訳）
音楽家のためのアレクサンダー・テクニーク入門
2800円

音楽表現にATを活用する方法とその効果。実践に徹した解説のため、基本原則から応用までATの真髄が明快につかめる良書。写真楽譜多数掲載。「表現」に関わるすべての人に。

R. J. ウィンジェル／宮澤淳一・小倉眞理（訳）
〔改訂新版〕音楽の文章術
2800円
──論文・レポートの執筆から文献表記法まで

学術的論文・レポートの書き方の手引きとして音楽外の領域でも好評。ネット時代の情報検索・研究法を増補、訳注と付録（文献・資料の表記法）を更に充実させた待望の改訂新版。

価格は税別